Der Mann, der gefällt, und die Frau, die bezaubert

John A. Cone

Writat

Diese Ausgabe erschien im Jahr 2023

ISBN: 9789359253077

Herausgegeben von
Writat
E-Mail: info@writat.com

Inhalt

VORWORT.

Die Buchmacher wurden in zwei Klassen eingeteilt: die Schöpfer und die Sammler. Bei der Erstellung dieses Bandes hat der Autor keinen Anspruch auf einen Platz in der ersten Abteilung erhoben, da er größtenteils nur ein Sammler war. Die Fakten, die das Buch enthält, sind intelligenten Menschen vertraut, und die einzige Entschuldigung dafür, sie in einem neuen Gewand darzustellen, besteht darin, dass wir oft an einige Wahrheiten erinnert werden müssen, mit denen wir am vertrautesten sind.

Im täglichen Umgang miteinander vergessen wir möglicherweise, anderen die Rücksichtnahme und Aufmerksamkeit zu erweisen, die wir von ihnen verlangen.

Wir alle wissen, dass das Wesen der Höflichkeit darin besteht, in Sprache und Verhalten angenehm, attraktiv und liebenswert zu sein und durch unsere Anwesenheit bei anderen glückliche Eindrücke zu wecken. Wir alle verstehen das, aber wir vergessen es so leicht oder vergessen zumindest, es in die Praxis umzusetzen.

Höflichkeit ist nicht die geringste christliche Tugend und sollte als Kunst studiert werden.

Der Leser wird gebeten, diese Kapitel im Geiste zu akzeptieren, in dem sie verfasst wurden. Es handelt sich dabei nicht um tiefgründige psychologische Studien oder auch nur originelle Essays, sondern lediglich um eine Zusammenstellung einfacher, aber wichtiger Wahrheiten, die für uns alle von Belang sind. Möglicherweise können sie hilfreich sein – „Damit wir nicht vergessen – "

Der Mann, der gefällt.

Der liebste Freund für mich, der freundlichste Mann,
der am besten konditionierte und unermüdliche Geist, wenn es darum geht,
Höflichkeiten zu erweisen.

KAUFMANN VON VENEDIG.

Er hat eine tägliche Schönheit in seinem Leben.

OTHELLO.

Ein solcher Mann würde jede Frau auf der Welt für sich gewinnen, wenn er ihr
Wohlwollen gewinnen könnte.

VIEL LÄRM UM NICHTS.

Es gibt nur wenige Themen, die für Männer und Frauen von größerem Interesse sind als die persönliche Faszination oder das, was manchmal als „persönliche Anziehungskraft" bezeichnet wird. Wir reden gewöhnlich darüber, als ob es sich um eine mysteriöse Eigenschaft handele , über die keine eindeutige Erklärung gegeben werden könnte.

„Ein Mann ist faszinierend", sagen wir, „er wird magnetisch geboren; er hat einen undefinierbaren Charme, der weder analysiert noch verstanden werden kann", und mit dem Begriff „von Natur aus magnetisch" überlassen wir die Sache der Welt des Mysteriums.

Ist diese Eigenschaft von so verwirrender Natur, dass sie nicht verstanden werden kann, oder wird uns eine Untersuchung jener Männer und Frauen, die vor allem die Macht besitzen, zu erfreuen , das Geheimnis ihres Einflusses zeigen und uns beweisen, dass die Gabe der Faszination nicht vorhanden ist? notwendigerweise angeboren, sondern dass es zu einem großen Teil erworben werden kann?

Werden wir nicht feststellen, dass das, was als Vollkommenheit der Natürlichkeit erscheint, oft nur die Vollkommenheit der Kultur ist?

Von all unseren bekannten Persönlichkeiten des öffentlichen Lebens, die sich den Ruf erworben haben, „von Natur aus magnetisch" zu sein, könnten wir vielleicht kein besseres Beispiel als James G. Blaine auswählen. Mit der möglichen Ausnahme von Henry Clay hatte unter allen Umständen kein anderer politischer Führer in unserer Geschichte eine so ergebene und entschlossene Anhängerschaft. Sowohl Clay als auch Blaine besaßen ein sympathisches und liebevolles Wesen und beide verstanden die menschliche Natur und die Kunst, zu gefallen. Man kann sagen, dass Mr. Blaines Popularität zu einem großen Teil auf die brillante und attraktive Art seines öffentlichen Dienstes zurückzuführen war, und das stimmte zweifellos bis zu einem gewissen Grad. Kein Mann wusste besser als er, wie wichtig es ist, die Möglichkeiten dramatischer und aufsehenerregender Darstellungen optimal zu nutzen, und seine staatsmännischen Methoden waren stets darauf ausgelegt, die Menge zu erfreuen.

Seine größte Macht zeigte sich jedoch in seinen siegreichen Männern durch direkten und individuellen Kontakt. Eine Sache, die ihm in dieser Richtung half, war die Tatsache, dass er vielleicht der höflichste aller öffentlichen Männer seiner Generation war. Wann immer ihm ein Fremder vorgestellt wurde, versicherten ihm ein herzlicher Händedruck, ein interessierter Blick und eine aufmerksame und herzliche Art, dass Mr. Blaine sich sehr freute, ihn zu sehen. Wenn sie sich nach Monaten oder sogar Jahren noch einmal trafen, stellte der Mann zu seiner Freude fest, dass Mr. Blaine sich nicht nur an seinen Namen erinnerte, sondern dass er selbst die trivialsten Erinnerungen an ihre kurze Bekanntschaft zu schätzen schien. Er hatte ein wunderbares Gedächtnis für Gesichter und Namen und verstand den Wert dieser Gabe.

Diese Fähigkeit, sich Gesichter zu merken, ist nicht schwer zu erwerben. Wir alle könnten es besitzen, wenn wir uns ausreichend anstrengen würden. Keine zwei Figuren oder Gesichter sind genau gleich, und wenn Sie bemerken, wie sie sich voneinander unterscheiden, werden Sie sich an sie erinnern.

Als er sein eigenes bemerkenswertes Gedächtnis für Gesichter erklärte, sagte Thomas B. Reed einmal zu einem Reporter, dass er einem Mann nie ins Gesicht geschaut habe, weil ihm eine auffällige Besonderheit, eine Linie, eine Falte, ein Ausdruck um das Auge, die Form der Lippen, Die Form der Nase prägte das Gesicht dieses Mannes unauslöschlich und unterschied ihn vom Rest der Menschheit.

Blaine übte sich sorgfältig darauf, ein Merkmal oder eine Besonderheit herauszusuchen, anhand derer er ein Gesicht oder eine Person von allen anderen unterscheiden und den Namen der Person zuordnen konnte.

Die Fähigkeit, sich Namen und Gesichter zu merken, ist eine der wertvollsten Errungenschaften für einen Mann im öffentlichen Leben oder für jeden Mann oder jede Frau, die sich gesellschaftlichen Erfolg wünscht. Es sorgt nicht nur für sich selbst für Trost, sondern ist auch für andere besonders erfreulich. Neben dem Trost, eine Person, die man nur einmal und ohne Fehler getroffen hat, mit Namen und ohne Zögern ansprechen zu können, kommt der Trost, dass man sich selbst wiedererkennt.

Ein weiterer Grund, warum Mr. Blaine bei den Massen beliebt war, lag darin, dass es nicht schwer war, ihn zu erreichen, und dass er nie eine Chance ausließ, einer Person nützlich zu sein, die vielleicht irgendwann einmal auch für ihn nützlich sein könnte.

Der *St. Louis Globe-Democrat* sagte kurz nach seinem Tod: „Es war nicht die Gewohnheit von Mr. Blaine, darauf zu warten, dass Männer ihn um einen Gefallen bitten. Er kam ihren Wünschen zuvor und verdoppelte ihre Verpflichtungen ihm gegenüber, indem er freiwillig tat, was er hätte tun können." Das verschaffte ihm eine Popularität, die eine Niederlage überdauert und allen gewöhnlichen Einflüssen der Kritik und Feindseligkeit standhält. Er konnte immer auf ein gewisses Maß an unerschütterlicher und bedingungsloser Unterstützung zählen, ganz gleich, welche Kräfte sich gerade gegen ihn aufstellten; und er verwandelte erbitterte Feinde in eifrige Freunde mit einer Leichtigkeit, die eine Quelle ständiger Überraschung und Verwunderung war."

Aber warum sollte sein Erfolg, andere für sich zu gewinnen, eine Quelle der „Überraschung und Verwunderung" sein?

Mr. Blaine verstand, wie viele andere anziehende Männer und Frauen, dass das Geheimnis der persönlichen Faszination in einem einzigen Punkt liegt; das heißt, „in der Macht, in einer anderen Person glückliche Gefühle von hoher Intensität zu erregen und diese Person dazu zu bringen, diese Gefühle mit dem Charme und der Kraft der geschätzten Ursache dieser Gefühle zu identifizieren."

Jede Eigenschaft, ob gut oder böse, die einen Menschen dazu befähigt, macht ihn faszinierend, ob er nun ein Heiliger oder ein Sünder ist. Tatsächlich waren einige der Männer, die die Kunst des Gefallens am geschicktesten beherrschten , Schurken.

Ein Autor im *Boston Herald* sagte: „Früher hieß es von Aaron Burr – der Mann war von so unwiderstehlichem Charme –, dass er niemals am Stand der hässlichsten alten Frau von Apfelfrau anhalten konnte, ohne zu gehen." Sie dachten daran, als er die Überzeugung verlor, dass er sie als die Schönste und Anmutigste ihres Geschlechts ansah. Und so hätte er, wenn zu seiner Zeit das Frauenwahlrecht vorherrschte, die solide Stimme der Apfelfrauen für jedes Amt gehabt, das er besetzen könnte erstreben."

Aaron Burr war sich klar darüber im Klaren, dass es keine Frau gibt, die völlig ohne Gefühle ist, und er berief sich immer auf diesen Teil der Natur einer Frau.

Er verstand die Wahrheit dieser von Croly geschriebenen Worte sehr gut: „In meinem ganzen Leben habe ich nie eine Frau getroffen, von der flachnasigen und ebenholzfarbenen Bewohnerin der Tropen bis zur schneeweißen und erhabenen Göttlichkeit einer." Griechische Insel, ohne einen Hauch von Romantik; Abstoßung konnte es nicht verbergen, Alter konnte es nicht auslöschen, Unbeständigkeit konnte es nicht ändern. Ich habe es zu allen Zeiten und an allen Orten gefunden, wie eine Quelle frischen Wassers, die sogar aus dem Feuerstein entspringt , die Trostlosen aufheitern, die Unempfindlichen erweichen, die Verwelkten erneuern; ein heimliches Flüstern im Ohr jeder lebenden Frau, damit die Zuneigung bis zuletzt ihre rosigen Schwingen um ihre Stirn flattern möge.

Als Burr dies verstand, hinterließ er bei der Apfelfrau den festen Eindruck, dass er glaubte, sie müsse einst eine Herzogin gewesen sein, die durch einen Zufall ihr Vermögen verloren hatte und nun in die letzte Zuflucht eines Apfelstandes getrieben wurde. und dass diese traurigen Tatsachen offensichtlich die Merkmale hoher Bildung und zarter Vornehmheit erklärten, die in all ihrer gegenwärtigen Armut so sichtbar waren.

Er verstand die Tatsache, dass alle Menschen in zwei unterschiedlichen Welten leben – der Welt der Realität und der Welt der Vorstellungskraft. In der Realität benutzen sie Besen und Schaufeln, waschen Böden und Geschirr oder verkaufen Äpfel; im anderen leben sie in Salons, feiern üppig und sind das Staunen und die Bewunderung der Menschheit.

„Nur wenige Menschen", fährt der Autor im *Herald* fort, „würden glauben, dass eine hässliche, heruntergekommen aussehende Apfelfrau genauso im verzauberten Reich der Fantasie leben könnte wie die Reichen und Begünstigten. Aber Burr glaubte es, also als er Als er mit der alten Frau sprach, näherte er sich nicht ihrem verwelkten und bettelarmen Selbst, sondern ihrem idealen Selbst, tauchte fantasievoll in den Traum der Herzogin in ihr ein und wurde instinktiv respektvoll in seiner Haltung.

„Sogleich kam die Herzogin in ihr heraus, um den höfischen Herrn in ihm zu treffen, und es wurden Grüße ausgetauscht wie zwischen zwei Inkognito-Sprösslingen edler Abstammung. Jeder genoss das Treffen, jeder hatte genug Lebendigkeit an Vorstellungskraft, um ihm den Hauch der Realität zu verleihen, und allgemeine, materielle Tatsachen außer Sichtweite zu halten."

„Aber", sagen Sie, „nicht jeder Mann kann einen solchen Eindruck machen, denn nur wenige sind in der Lage, Dinge mit der Leichtigkeit und Anmut eines Burr zu tun und zu sagen. Es muss eine Natürlichkeit im Verhalten vorhanden sein, die niemals Verdacht erweckt. Lassen Sie den Durchschnitt." Wenn ein Mann versucht, seine Natur zu zwingen und ein Lächeln und einen Blick der Freude zu erzeugen, wird die alte Apfelfrau sofort erkennen, dass sie getäuscht wird. Sehr wahr, und es ist nicht wünschenswert, dass der Durchschnittsmann die Fähigkeit eines Aaron Burr besitzt, andere zu beeinflussen. Nur wenige Menschen versuchen wie er, diese Macht zu erlangen, aber weil der Durchschnittsmensch nicht sofort den mächtigen Einfluss auf andere ausüben kann, den er ausgeübt hat, bedeutet dies nicht, dass wir das Geheimnis von Burrs Erfolg nicht verstehen könnten, und das ist auch nicht offensichtlich andere Menschen können nichts von dieser Macht erlangen, wenn sie es für lohnenswert halten .

Man kann nicht mit Sicherheit sagen, dass alle Menschen gleichermaßen erfolgreich sein können, wenn es darum geht, in anderen „glückliche Gefühle von hoher Intensität" zu wecken, denn die Natur ist nicht unparteiisch darin, alle Gaben der Anpassung gleichermaßen zu verleihen und Ausdruck.

Es gibt einige wenige Menschen, deren Temperament und Geistesorganismus so beschaffen sind, dass sie einen deprimierenden Einfluss auf ihre Mitmenschen ausüben. Sie haben einen negativen, schlaffen Geist, der im übertragenen Sinne so zu wirken scheint wie ein nasser Schuh auf jemanden, der ihn tragen muss. Sie nutzen die nervöse Kraft und erschöpfen die Geduld derjenigen, die gezwungen sind, viel in ihrer Gesellschaft zu sein. Aber es gibt nicht viele dieser Art. Die meisten von uns könnten bei der Aneignung sozialer Anstandskraft und in der Kunst, zu gefallen, weitaus größere Fortschritte machen als wir.

Betrachten wir nun einige der besonderen Eigenschaften, die einen Mann für das andere Geschlecht angenehm machen.

Natürlich gefallen unterschiedliche Männertypen unterschiedlichen Frauen. Manche Frauen legen wenig Wert auf das moralische Element bei Männern. Sie bewundern sie nicht wegen ihrer Güte oder ihres edlen Charakters, sondern eher wegen ihrer Manieren und ihrer Fähigkeit, zu schmeicheln und angenehme Dinge zu sagen. Manche Frauen sind von bloßer roher Kraft fasziniert, aber das sind nicht viele. Rang, Reichtum und soziale Stellung sind für manche sehr attraktiv, aber diese Dinge machen den Mann selbst für die wahre Frau nicht attraktiver.

Solange ein Mädchen jung ist, schwärmt es vielleicht von „einem Cameo-Profil, einer Haarpracht von Burnes-Jones oder einer Trägheit und Blässe aus der Zeit vor Raffaeliten", aber diese Dinge verblassen zwangsläufig und werden absolut geschmacklos. Manche bewundern sogar die regelrechte Bosheit der Männer, und das sind die Frauen, die den Mördern im Gefängnis Delikatessen schicken und sie mit Blumensträußen überhäufen. Aber glücklicherweise repräsentieren diese Typen nur einen kleinen Teil des schönen Geschlechts, und dieses Kapitel befasst sich nur mit der großen Mehrheit; die intelligenten, moralischen, kultivierten Frauen des Landes. Welche Eigenschaften an Männern sind für sie am attraktivsten?

Körperliche Schönheit ist bei beiden Geschlechtern immer attraktiv, doch der gutaussehende Mann hat gegenüber seinem schlichteren Rivalen nur darin einen Vorteil: Er ist in der Lage, sofort Aufmerksamkeit auf sich zu ziehen. Er muss jedoch etwas mehr haben, um diese Aufmerksamkeit zu fesseln. Er mag physisch ein Apollo sein, aber wenn er sich schlecht benimmt, langweilig oder unwissend ist, wird er keine Chance haben neben dem Mann, der sich mit den kunstvollen, ausgefeilten Wegen der sogenannten Gesellschaft auskennt und der Meister dieser Anmut und Flexibilität ist Reden, die mehr als Reichtum, Ansehen oder persönliche Attraktivität bei Frauen Anklang finden.

Es wurde immer wieder bewiesen, dass selbst die Hässlichkeit von Gesicht und Figur keineswegs ein Hindernis für die Beliebtheit bei Frauen darstellt, und obwohl wir oft erstaunt sind über die Wahl, die brillante, schöne Frauen manchmal aus der Masse von Frauen treffen Liebe Bewunderer, hinter jeder scheinbar fantastischen Auswahl steckt ein solider und meist auch vernünftiger Grund.

Ernest Renan war sicherlich nicht gutaussehend. Er war außerordentlich korpulent, sein Teint ähnelte angeblich nichts anderem so sehr wie dem von Talg. Er hatte klauenförmige Hände, buschige graue Augenbrauen und dünnes graues Haar, doch wo auch immer er in die Gesellschaft ging, war er mit Sicherheit der Mittelpunkt einer bewundernden Gruppe von Frauen. Er faszinierte nicht wegen seiner Hässlichkeit, sondern trotzdem. Der subtile Charme seines Auftretens und der melodische Fluss seiner Unterhaltung reichten aus, um alle äußerlichen Mängel auszugleichen.

Liszt war kein gutaussehender Mann – ganz im Gegenteil; Dennoch hat wahrscheinlich kein anderer Mann jemals gelebt, der einen magnetischeren und stärkeren Einfluss auf Frauen ausübte. Selbst als er hager und alt geworden war, seine Augen trüb waren, sein blondes Haar schneeweiß war und seine magere, hagere Gestalt in ein schwarzes Priestergewand gehüllt war, wurde er von einer Schar schöner Bewunderer verfolgt.

Chauteaubriand konnte mit vierundachtzig Jahren bezaubern, der Abbé Liszt mit fünfundsiebzig, und Aaron Burr – der keineswegs gutaussehend war – hatte mit siebzig Jahren einen Charme, der unwiderstehlich war.

Tatsache ist, dass man sich nicht an ein halbes Dutzend sehr talentierter Männer erinnern kann, die für ihre persönliche Schönheit bewundert wurden. Papst war sehr schlicht; Dr. Johnson ging es nicht besser; Mirabeau war „der hässlichste Mann Frankreichs" und dennoch der größte Favorit des schönen Geschlechts.

Diese Beispiele werden nicht als Beweis dafür angeführt, dass Frauen sich nicht um die körperliche Schönheit von Männern kümmern. Im Gegenteil, das ist eine sehr starke Anziehungskraft, aber nicht der stärkste Faktor, um sie festzuhalten. Frauen schätzen Männer häufiger für ihre herausragenden geistigen Qualitäten als Männer. Eine Perfektion der körperlichen Schönheit geht bei beiden Geschlechtern selten mit großen geistigen Fähigkeiten einher, dennoch gab es einige bemerkenswerte Ausnahmen, insbesondere bei

Frauen, und jede hübsche Frau, die dies liest, könnte sich selbst als eine dieser Ausnahmen bezeichnen.

Generell gilt: Der Mann, der gefällt, ist der Mann, der versteht. Für eine Frau spielt es keine große Rolle, ob ein Mann selbst große und brillante Gedanken hat, ob er ihre Wünsche und Gefühle sowie ihre Gedanken versteht. Wenn er gefallen will, sollte er sich sorgfältig mit dieser mysteriösen und komplexen Sache befassen – der Natur einer Frau. Er muss verstehen, dass es aus einer feineren Faser besteht als seine eigene; dass es empfindlich ist und leicht verletzt werden kann. Er sollte Sentimentalität haben, aber kein Sentimentalist sein. Er wird in der Tat weise sein, wenn er geschickt die Grenze zwischen den beiden Dingen ziehen kann. „Gefühl ist göttlich: Sentimentalismus absurd." Er sollte in der Lage sein, in wenig viel zu sagen, und er darf kein Schwätzer sein. Eine Frau, die zu viel redet, wird ermüdend; Ein Mann, der ziellos redet, ist für beide Geschlechter eine unerträgliche Langeweile.

Nur wenige Männer verstehen eine Frau. Sie betrachten die Dinge nicht aus ihrem Blickwinkel und erkennen daher nicht, inwieweit das zivilisierte Leben es ihr erlaubt hat, jene Konventionen im Benehmen und diese Höflichkeiten in der Sprache anzunehmen, die in gewissem Maße harmlos heuchlerisch sind. Es könnte nicht anders sein. Ihr Ideal von einem Mann ist sehr hoch, aber sie trifft ihn selten, und so akzeptiert sie denjenigen, der ihrem Ideal am nächsten kommt, und macht das Beste aus der Situation. Sie wünschte, er wäre anders, aber eine Frau kann trotz sehr vieler Dinge lieben. Normalerweise ist sie verpflichtet, überhaupt zu lieben. Sie ist im Liebesspiel viel schlauer als ein Mann. „Sie ist eine Künstlerin, während er ein grober Handwerker ist, und sie erlebt keine Liebesszene, ohne zu begreifen, wie viel besser sie es hätte machen können, wenn ihr die Titelrolle gegeben worden wäre. "

Wenn sie eine sensible Frau ist, ist sie über hundert unangenehme Gewohnheiten schockiert, die viele Männer für gerechtfertigt halten. Unbeholfenes Benehmen, grobe Redeweisen, Nachlässigkeit in Bezug auf Person und Kleidung stoßen sie ab, und trotzdem liebt sie.

Der Liebhaber, dem es am besten gelingt, die Zuneigung eines Schatzes oder einer Frau zu behalten, ist derjenige, der die Liebe und Zärtlichkeit, die er empfindet, immer wieder zum Ausdruck bringt . Frauen hören lieber, wenn über Dinge gesprochen wird, als Männer. Sie haben ein weitaus höheres Bewusstsein für den Wert von Kleinigkeiten und reagieren empfindlicher auf Stimmungsschwankungen. Sie neigen dazu, auf vielfältige Weise und mit feinen Variationen auszudrücken, was ein Mensch ein für alle Mal sagen will, selbst wenn er schlecht ist.

Ein Mann wird an die Liebe einer Frau glauben und sich mit weit weniger sichtbaren Zeichen davon zufrieden geben, als nötig sind, um seine Zärtlichkeit zu bestätigen und sie davon überzeugt zu halten.

Die Wahrheit ist, dass die Fähigkeit eines Menschen, zu gefallen, nicht von irgendeiner okkulten Eigenschaft abhängt, über die keine Erklärung gegeben werden kann, sondern vom Grad, in dem er über bestimmte anziehende Eigenschaften verfügt – angeborene oder erworbene. Wir haben keine Schwierigkeiten, eine einzelne dieser Eigenschaften zu verstehen, doch wenn ein Mann eine solche Kombination von ihnen besitzt, dass er den Begriff „faszinierend" tragen darf, halten wir ihn für unverständlich und greifen auf den vagen Begriff „persönliche Anziehungskraft" zurück. "

Die persönlichen Elemente, die unserem Einfluss auf andere am förderlichsten sind, sind im Großen und Ganzen: gute Manieren, eine angenehme Stimme, die Fähigkeit, sich gut zu unterhalten, persönliche Sauberkeit, Geschmack in der Kleidung, Taktgefühl, gute Moral, Kultur und Vornehmheit, körperliche Schönheit und intellektuelle Kraft. Wir sind nur im Verhältnis zu unserem Besitz dieser sehr wünschenswerten Eigenschaften angenehm oder anstößig, und möglicherweise ist das, was wir „persönliche Anziehungskraft" nennen, einfach das Ergebnis einer ausgewogenen Entwicklung einiger oder aller dieser beneidenswerten Eigenschaften.

DIE FRAU, DIE BEZAUBERT.

Schau dir diese Frau an. Es gibt keine Schönheit, keine brillanten Sprüche, keine herausragende Macht, die Ihnen dienen könnte; aber alle sehen sie gern; Ihre ganze Ausstrahlung und ihr Eindruck sind gesund. Manieren brauchen Zeit, denn nichts ist vulgärer als Eile.

EMERSON.

*Besessen von solch einer sanften, souveränen Anmut,
mit solch bezaubernder Präsenz und Diskurs.*

KOMÖDIE DER IRRTÜMER.

Sie ist eine äußerst exquisite Dame.

OTHELLO.

Ist es die hübsche Frau? Ja, manchmal, aber nicht immer. Schönheit ist immer attraktiv, aber die schöne Frau hat nur den gleichen Vorteil wie der gutaussehende Mann – sie zieht sofort die Aufmerksamkeit auf sich. Wenn sie sich nur auf ihre Schönheit verlassen kann, erregt sie keine Aufmerksamkeit.

Es war Balzac, der uns daran erinnerte, dass fast alle der berühmtesten Bindungen der Geschichte von Frauen inspiriert wurden, bei denen auffällige körperliche Mängel auftraten. Frau. de Pompadour, Johanna von Neapel, Kleopatra, La Vallière – tatsächlich waren fast alle Frauen, denen eine romantische Liebe einen Heiligenschein des Interesses verliehen hat – nicht ohne Unvollkommenheiten und sogar Gebrechen, während fast alle Frauen, deren Schönheit uns beschrieben wird so perfekt, waren schließlich in ihrer Liebe unglücklich.

„Vielleicht“, sagt Balzac, „leben Männer mehr von Gefühlen als von Vergnügen. Vielleicht hat der rein körperliche Charme einer schönen Frau seine Grenzen, während der im Wesentlichen moralische Charme einer Frau von mäßiger Schönheit grenzenlos sein kann.“

Ob das wahr ist oder nicht, Frauen überschätzen sicherlich den Einfluss bloßer körperlicher Schönheit, Männer anzuziehen und zu fesseln. Madame de Staël , deren Herrschaft über die Herzen aller, mit denen sie in Kontakt kam, bekannt ist, erklärte, dass sie gerne all ihre persönlichen Gaben und all ihre Gelehrsamkeit aufgeben würde, wenn sie dafür Schönheit erhalten könnte. Es war ein Glück für sie, dass ihr Wunsch nicht erfüllt wurde, denn sonst wäre ihr Königreich wahrscheinlich entglitten. Obwohl sie kein schönes Gesicht hatte, besaß sie körperliche Merkmale und persönliche Eigenschaften, die sie absolut faszinierend machten.

Für einen vernünftigen Mann ist nichts so langweilig wie eine eitle, hirnlose, taktlose Schönheit, deren Meinungen nur Echos sind und die sich einbildet, dass ihre Schönheit allein ihn an ihren Wagen fesseln wird.

Die Schönheit hält eine Zeit lang an, aber nachdem die Augen eines Mannes zufrieden sind, muss er unterhalten werden, und das unscheinbare Mädchen, das über Verstand und Fingerspitzengefühl verfügt, braucht keine Angst vor ihrer schöneren Rivalin zu haben. Moderne Forschungen haben bewiesen, dass weder Sappho, noch Aspasia, noch nicht einmal Kleopatra Frauen waren, die aufgrund ihrer körperlichen Schönheit besondere Aufmerksamkeit erregt hätten. Ihr höchster Reiz war intellektueller Natur – der Besitz einer „Unermesslichkeit zu geben", wie Plutarch es ausdrückt, in Form von Anmut und Leistung.

Die Vorstellung, dass unscheinbare Mädchen als „unangemessener Segen" herumlaufen dürfen, wird nicht durch Beweise gestützt, denn wir treffen ständig Frauen, die viel unscheinbarer sind als die Mehrheit der unverheirateten Frauen in unserem Bekanntenkreis; und es kommt häufig vor, dass ein Mann, der eine körperlich schöne Frau hat, sich in eine überaus unscheinbare Frau verliebt, die eine gewisse Sympathie besitzt, eine Eigenschaft der Anpassungsfähigkeit, die er bei seiner Partnerin vermisst.

Ein Autor in *Lippincott's sagt* : „Man kann mit Sicherheit die weit gefasste Verallgemeinerung anstellen, dass ein heimeliges Mädchen unter sonst gleichen Bedingungen wahrscheinlich weniger Angebote erhält als ein hübsches Mädchen, aber genauso wahrscheinlich das eine Angebot erhält, das sie ausmacht." Eine glückliche Frau. Aber alle anderen Dinge (mit Ausnahme der Gabe der Schönheit) sind selten gleich zwischen dem einfachen und dem hübschen Mädchen; durch das natürliche Gesetz der Kompensation verfügt das einfache Mädchen entweder über eine angeborene oder eine erworbene Fähigkeit, die dem anderen fehlt , das mit fortschreitender Bekanntschaft seinen Charme unter Beweis stellt. Die Schönheit hat im Rennen nur den Anfang."

Es kommt häufig vor, dass die Schönheit den Fehler macht, zu erwarten, von ihren Bewunderern unterhalten zu werden, und sich nicht anstrengt, ihnen zu gefallen. Das unscheinbare Mädchen ist jedoch oft taktvoll überlegen , denn da es gezwungen ist, die menschliche Natur genau zu studieren, um das Beste aus der Kameradschaft herauszuholen, lernt es, sich bei seinen Bemühungen, ihm zu gefallen, auf dieses Wissen zu verlassen. Sie lässt sich weder von Bewunderung blenden, noch ist sie übermäßig zuversichtlich, dass sie es behalten wird, wenn sie es erhält.

Frau. Hading , die eine auffallend schöne Frau ist und daher über Schönheit sprechen kann, ohne in Verdacht zu geraten, sagte einmal:

„Eine Frau ist sehr unglücklich, die nichts als Schönheit hat, um ihren Erfolg zu sichern . Es gibt andere Dinge, die der Schönheit überlegen sind. Geschmack, guter Geschmack, Verstand, Fingerspitzengefühl, Gesundheit, das sind die Dinge, die eine Frau haben muss, um Menschen zu fesseln. Und dann da." sind gute Manieren – so selten und doch so leicht zu kultivieren. Vornehm zu sein, sanft zu sein, liebenswürdig zu sein, barmherzig im Denken und Sprechen zu sein, intelligent zu sein bedeutet, charmant zu sein, trotz eines unattraktiven Körpers und einer unattraktiven Persönlichkeit hässliches Gesicht. Gut geboren zu sein bedeutet in der Tat, gesegnet zu sein, aber sich über niedrige Geburt zu erheben, ist erhaben. Der größte Maler der Zeit konnte für die Kaiserin Josephine nur eine Karikatur eines Gesichts anfertigen, und dennoch war ihr Lächeln süß und der Charme ihrer angenehmen und anmutigen Art machte ihren Namen unsterblich. Es gibt andere Ziele des Glücks als bloßen Reichtum; es gibt süßere Dinge im Gesicht einer Frau als Schönheit.

Auch hier ist die Frau, die bezaubert, nicht unbedingt jung. Die Geschichte ist voll von Berichten über Frauen, die über das mittlere Leben hinaus faszinierend waren. Die wahrste und stärkste Liebe wird nicht immer von der Schönheit der Zwanzig inspiriert. Die Begeisterung für den 16. Geburtstag wird nicht durch die alte Erfahrung gestützt, die lehrt, dass die höchste Schönheit nicht in der Unreife zu finden ist. Ludwig XIV. verheiratete Frau. Maintenon, als sie dreiundvierzig Jahre alt war. Katharina II. von Russland war dreiunddreißig, als sie das Russische Reich eroberte und den schneidigen jungen General Orloff in ihren Bann zog. Selbst bis zu ihrem Tod – im Alter von siebenundsechzig Jahren – schien sie die gleiche bezaubernde Kraft bewahrt zu haben, denn die Wehklagen waren bei allen, die sie jemals persönlich gekannt hatten, tief empfunden.

Kleopatra war deutlich über dreißig, als Antonius in ihren Bann geriet, der bis zu ihrem Tod fast zehn Jahre später nicht nachließ.

Livia war dreiunddreißig, als sie das Herz von Augustus gewann, über den sie bis zuletzt die Oberhand behielt. Aspasia heiratete Perikles erst mit siebenunddreißig Jahren und galt mehr als dreißig Jahre lang als eine der faszinierendsten Frauen ihrer Zeit. Ninon de l'Enclos , der berühmteste Witzbold ihrer Zeit, war das Idol von drei Generationen der goldenen Jugend Frankreichs, und sie war zweiundsiebzig, als sich der Abbé de Berais in sie verliebte.

Helen von Troja, die berühmte griechische Schönheit, war über fünfundvierzig, als sie an der berühmtesten Flucht der Geschichte teilnahm; und da die Belagerung Trojas zehn Jahre dauerte, muss sie mindestens fünfundfünfzig gewesen sein, als das Unglück von Paris sie ihrem Ehemann zurückgab, der sie Berichten zufolge mit unbestrittener Liebe und

Dankbarkeit aufgenommen hatte. Mlle. Mars, die gefeierte Schauspielerin, war mit fünfundvierzig am attraktivsten, und Mme. Récamier war zwischen fünfunddreißig und fünfundfünfzig auf dem Höhepunkt ihres guten Aussehens und ihrer Fähigkeit zu gefallen. Diana de Poitiers war über sechsunddreißig, als Heinrich II., damals Herzog von Orleans, und gerade halb so alt wie sie, sich an sie anschloss, und sie galt bis zur Zeit des 19. Jahrhunderts als die First Lady und schönste Frau am Hof Tod des Monarchen und Machtübernahme von Katharina von Medici.

Die verbreitete Vorstellung, dass die reife Schönheit von vierzig Jahren weniger faszinierend sei als die eines Mädchens von siebzehn oder achtzehn Jahren, entbehrt jeder Grundlage. Mit Schönheit sind nicht nur wohlgeformte Gesichtszüge und ein frischer Teint gemeint – diese Eigenschaften besitzen auch Puppen. Trotz des rosigen, frischen Teints, den die Natur der Jugend verleiht, liegt das beste und reichste Alter einer Frau tatsächlich zwischen fünfunddreißig und fünfundvierzig Jahren und manchmal sogar deutlich darüber hinaus.

Niemand würde es wagen zu sagen, wie alt Madame Patti ist. Jeder, der ihr begegnet, schwärmt von ihrer wunderbaren Jugendlichkeit und Lebendigkeit. Patti erklärt ihre strahlenden Augen, ihre glatte Haut und ihren glücklichen Ausdruck in wenigen Worten: „Ich habe meine Beherrschung bewahrt. Keine Frau kann jung bleiben, die oft die Beherrschung verliert."

Wenn eine Frau älter wird, sollte sie in gewisser Weise attraktiver werden, als sie es in ihrer Jugend sein könnte. Eines der wichtigsten Dinge, um dieses Ergebnis zu erreichen, ist eine gute Gesundheit. Feine Muskeln, eine gesunde, strahlende Haut, Augen voller Energie und Ehrgeiz – das ist eine wertvolle Grundlage für die Frau, die attraktiv sein möchte. Die Frau, die sich in einem bestimmten Alter für *passé hält*, begeht einen großen Fehler. Wenn sie sich selbst so sieht; Wenn sie glaubt, dass sie die Zeit, in der sie interessant sein kann, vertan hat, werden andere sie höchstwahrscheinlich unattraktiv finden. Sicherlich sollte eine Frau interessanter sein, nachdem sie das Mädchenalter hinter sich gelassen hat. Sie sollte sich besser unterhalten können, sie sollte über mehr Weisheit, mehr Fingerspitzengefühl und eine umfassendere Kenntnis der menschlichen Natur verfügen; und sie sollte mehr Ruhe und mehr Anmut im Benehmen haben. Tatsächlich sollte sie alle ihre Errungenschaften gut im Griff haben und sie leichter zum Vergnügen anderer nutzen können; und sie wird sie besser nutzen können, wenn sie ein ruhiges Gemüt, menschliches Mitgefühl und Großzügigkeit entwickelt hat und nicht auf ihr persönliches Aussehen achtet. Es kommt häufig vor, dass Frauen, die das mittlere Leben erreicht haben, viele der Hilfsmittel zur körperlichen Schönheit vernachlässigen, die sie einst sorgfältig befolgten. Sie achten nicht auf ihre Kleidung und halten es zunehmend für verzeihlich, auf die einfachen und notwendigen Toilettenaccessoires zu verzichten, die früher dazu beitrugen, sie so herrlich frisch und zierlich zu machen. Sie gewöhnen sich an die Vorstellung, dass Unordnung zwangsläufig mit Plackerei einhergehen muss. Heutzutage ist es jedoch immer möglich , das Element der Raffinesse und Schönheit überallhin mitzunehmen.

Viele Frauen könnten viel feiner und zarter wirken, als sie erscheinen, wenn sie nicht daran gewöhnt wären, dass eine gewisse Heimeligkeit und sogar Nachlässigkeit in der Kleidung durchaus entschuldbar und in der Tat fast untrennbar mit dem alltäglichen Arbeitsleben verbunden sind. Je älter wir werden, desto wichtiger wird es, dass wir sorgfältig darauf achten, stets den Anschein persönlicher Sauberkeit zu erwecken, der für diejenigen, mit denen wir in Kontakt kommen, immer attraktiv ist.

Eines der stärksten Elemente, die eine Frau besitzen kann, um das andere Geschlecht anzuziehen, ist ein mitfühlendes Interesse an der Arbeit eines Mannes. Das war es, was Dr. Schliemann, den berühmten griechischen Gelehrten und Entdecker, zu der jungen Frau hinzog, die er heiratete. Sie war mit der Ilias und der Odyssee vertraut und begeisterte sich für die Entdeckung der antiken Städte Homers.

Männer möchten, dass Frauen sich für die Dinge interessieren, die sie selbst interessieren.

Wer „Soldiers of Fortune" von Richard Harding Davis gelesen hat , erinnert sich vielleicht, dass Clay Miss Langham sehr lieb gewonnen hat. Seine erste Enttäuschung über sie erlebte er, als er feststellte, dass sie kein Interesse an seiner Arbeit zur Erschließung der Eisenminen in Südamerika hatte. Miss Langhams jüngere Schwester Hope hingegen interessierte sich sehr für die Minen, beschäftigte sich eingehend mit den Methoden des Bergbaus, und als sie mit den anderen Familienmitgliedern den Schauplatz von Clays Maschinenbaubetrieb besuchte, Sie war es, die Clay durch intelligente Fragen und anzügliche Bemerkungen auf sich aufmerksam machte. Er war von ihr begeistert, bewunderte sie, verliebte sich in sie und heiratete sie dann. Dieser Tag in den Minen war der Anfang vom Ende der alten Liebe und das Erwachen der neuen.

Um Männer zu interessieren, sollte eine Frau durch die Lektüre der Zeitungen eine einigermaßen klare Vorstellung davon erlangen, was in der Welt geschieht, und diese auch äußern können. Sie sollte herausfinden, was für den bestimmten Mann, den sie anziehen möchte, von besonderem Interesse ist, und sie sollte in der Lage sein, in einem Gespräch etwas beizutragen, egal ob es um Politik, Wirtschaft, Outdoor-Sport, Kunst, Wissenschaft oder Literatur geht dieses Thema interessanter als ein bloßes Ja oder Nein.

So wie es der männliche Mann ist, der eine gute Frau gewinnt und zufriedenstellt, so ist es die weibliche Frau, die den achtbaren Mann erfreut und dessen Ansehen behält.

Männer mögen die weibliche Frau. Sie muss nicht weich oder albern, schwach oder nervös sein; Sie kann stark, energisch, entschlossen und mutig sein. Ein Mann hat wenig Mitgefühl für das Mädchen, das Männer in Kleidung, Verhalten oder Gesprächen nachahmt. Wenn ein weiblicher Mann keinem der beiden Geschlechter gefällt, was sollen wir dann von einer männlichen Frau sagen?

Er bringt die Meinung des Schriftstellers ausführlich zum Ausdruck, der sagte: „Eine perfekte Frau kann bezaubernd sein; eine Frau, die perfekt ist, wäre unerträglich." Doch so unreligiös ein Mann auch sein mag, er mag die Respektlosigkeit einer Frau immer nicht. Er wünscht und erwartet, dass es seiner Frau besser geht als ihm, und im Allgemeinen ist sie es auch.

Männer mögen die überkleidete Frau nicht – diejenige, die in einer Mode bis zum Äußersten geht und noch ein bisschen weiter geht. Ihm liegt die Kostbarkeit der Kleidung nicht am Herzen, aber er wird immer von Frische und Anmut angezogen.

Sinn für Humor ist eine wertvolle Gabe einer Frau, die gefallen möchte. Männer mögen das Mädchen, das die lustige Seite einer Sache sieht; Wer kann sie zum Lachen bringen? Wer kann witzig sein, ohne sarkastisch zu sein? Wer kann scherzen und nicht bösartig sein? der humorvolle Erfahrungen erzählen kann, ohne Dinge zu sagen, die darauf abzielen, anderen Unbehagen zu bereiten.

Ein Mann mag eine Frau, die ihn unterhält und amüsiert. Junge Mädchen äußern oft ihre Überraschung darüber, dass einer von ihnen bei Männern so beliebt ist. Sie wissen, dass sie nicht so hübsch ist wie Dutzende anderer Mädchen. Sie ist nicht so prächtig gekleidet wie sie, aber auf einer Party wird sie ein halbes Dutzend junger Männer um sich haben, während sie vernachlässigt und allein sind. Sie kommen zu dem Schluss, dass sie diese undefinierbare Eigenschaft des Magnetismus haben muss, und das ist alles, was man darüber sagen kann, und sie könnten das Geheimnis nicht herausfinden, selbst wenn sie es versuchen würden. Aber wahrscheinlich ist es kein Geheimnis. Obwohl sie nicht hübsch ist und nicht über viele Informationen verfügt, verfügt sie über Fingerspitzengefühl und eine schnelle und elektrisierende Lebhaftigkeit, die wie eine Brise auf dem trägen Wasser wirkt, Wellen der Freude und des Lachens erzeugt und so ein berauschendes Erlebnis erzeugt Wirkung auf alles um sie herum.

Viele junge Männer fühlen sich vielleicht ein wenig fehl am Platz, wenn sie schüchtern oder unbeholfen sind. Sie wissen kaum, was sie tun oder sagen sollen, aber dieses besondere Mädchen weckt sie und sie lachen und reden mit erstaunlicher Leichtigkeit. Sie versteht es, ihnen das Gefühl zu geben, dass sie sich wohl fühlen, wie sie sie anlocken kann, und wenn sie mit ihr in Kontakt kommen, werden sie ungewöhnlich begeistert, und es ist überhaupt nicht verwunderlich, dass sie in jeder Gesellschaft sehnsüchtig nach ihrer Anwesenheit Ausschau halten.

Den Beschreibungen und Darstellungen nach zu urteilen, die wir von ihr haben, war Kleopatra zwar keineswegs schön, doch ihr faszinierender Einfluss auf Männer ist kein Geheimnis.

„Sie hatte“, sagte ein Autor im *Boston Herald* , „die römischen Eroberer abgestumpft, mit denen sie zu kämpfen hatte, Männer, die von jeder Form rein tierischen Vergnügens gesättigt waren. Es gab keine pikante Note mehr in irgendetwas; alle waren auf ihren verstopften Gaumen blass und abgestanden. Aber.“ In Kleopatra war immer etwas Frisches, Unerwartetes, vollkommen Originelles!

„Kein Wunder, dass die Umstehenden riefen: ‚Das Alter kann nicht verwelken, noch kann die Sitte ihre unendliche Vielfalt verkümmern lassen.‘ Was hatte sie von der Rivalität bloßer Jugend und Schönheit zu befürchten, solange ihr flinker Intellekt wie die Nilfluten in aufeinanderfolgenden Ernten fruchtbar war, in der einen Eigenschaft, für die ihre Liebhaber bereit waren, Königreiche zu verschwenden, nämlich „unendliche Vielfalt“. '"

Um auf die Definition der persönlichen Faszination im vorangehenden Kapitel zurückzukommen, wiederholen wir, dass sie „in der Fähigkeit besteht, bei einer anderen Person glückliche Gefühle von hoher Intensität zu erregen und diese Person dazu zu bringen, diese Gefühle mit dem Charme und der Faszination zu identifizieren.“ Macht der von ihnen geschätzten Sache.

Es kann so etwas wie die „unbestimmte Qualität des Magnetismus“ geben, die Menschen zum Besitzer zieht, ob sie wollen oder nicht; Aber es gibt viele Persönlichkeiten, die charmant sind, weil sie es gewollt haben, weil sie sich durch sorgfältige Beharrlichkeit jene Eigenschaften angeeignet haben, die es ihnen ermöglichen, jeden zu erfreuen und zu bezaubern, mit dem sie in Kontakt kommen.

DIE KUNST DES GESPRÄCHS.

*„ Obwohl Konversation größtenteils
als Geschenk und nicht als Kunst angesehen werden kann, hängt doch vieles, wie bei der
Arbeit des Ackerbauers, von der Kultur und der Aussaat des Bodens ab. "*

COWPER.

*In allen Ländern, in denen Intelligenz geschätzt wird, steht Gesprächstalent ganz oben
auf der Liste der Errungenschaften. Die Gedanken in eine klare und elegante Sprache zu
kleiden und sie dem Geist eines anderen eindrucksvoll zu vermitteln, ist keine gewöhnliche
Leistung.*

FRAU SIGOURNEY.

Der Mann oder die Frau, die ein intelligenter, taktvoller Gesprächspartner
ist, beherrscht eines der wesentlichsten Elemente einer angenehmen
Ansprache. Auch wenn wir alle gewisse Mängel haben, die wir nicht
vollständig überwinden können, so ernsthaft wir es auch versuchen mögen,
können wir, wenn wir wollen, unser Gespräch neu gestalten. Wir können uns
so trainieren, dass Gutmütigkeit, Rücksichtnahme und Wohlwollen in
unserem Umgang mit anderen immer einen Platz haben. Wir können, wenn
wir wollen, gutes Englisch sprechen und der so weit verbreiteten Versuchung
widerstehen, über Personen statt über Dinge zu sprechen. Theoretisch
verachten wir Klatsch; Praktischerweise geben die meisten von uns ihren Teil
zum Gemeinschaftsfonds bei. Wir dürfen nicht bösartig sein, und die süße
Nächstenliebe, die „nichts Böses denkt", darf in unseren Herzen ein Zuhause
haben; Doch manchmal, wenn wir nicht wachsam sind, kann es einschlafen
und Bitterkeit oder der Geist der Bosheit schleichen sich heimlich an die
Oberfläche.

Wir können, wenn wir wollen, intellektuell ehrlich sein – eine Art von
Ehrlichkeit, die in der Tat selten ist. Der Hauptgrund dafür, dass
Auseinandersetzungen und Diskussionen bei den Streitparteien zu so großer
Unzufriedenheit und Unzufriedenheit führen, ist das Fehlen dieser Qualität.

Zwei Männer sind in ein Gespräch vertieft und eine Frage des religiösen
Glaubens oder der Politik wird in den Vordergrund gerückt. Jeder nimmt in
der Diskussion Partei und bleibt bis zum Schluss bei seiner Meinung. Keiner
von beiden sucht nach der Wahrheit, sondern ist bestrebt, seine Seite der
Frage gegen die Angriffe seines Gegners zu verteidigen. Keinem kommt der
Gedanke, dass irgendetwas anderes die Wahrheit sein kann als das, was man
ihm beigebracht hat zu glauben. Für beide nimmt die Wahrheit einfach die
Form ihrer eigenen Meinung an; und da sie am stärksten an ihrer Meinung
festhalten, stellt keiner jemals seine eigene Hingabe an die Wahrheit in Frage.

Man kann von solchen Personen kaum sagen, dass sie überhaupt ihren Verstand benutzen, denn ihre Gedanken wurden von jemand anderem gemacht . Manche Gastgeberin ist gezwungen, aggressiv streitende und streitsüchtige Gäste taktvoll voneinander zu trennen, da sie nie gelernt haben, dass andere das gleiche Recht auf ihre eigene Meinung haben und dass nicht jede Dinnerparty der richtige Anlass ist, sich in hitzige Diskussionen zu stürzen, in der Hoffnung, die Meinung anderer zu ändern Ansichten.

Auch hier können wir alle die Angewohnheit der Übertreibung vermeiden – einen Fehler, der nicht als „Unwahrheit" bezeichnet wird, der ihm aber gefährlich nahe kommt. Ein Mann hört etwas, zwar in seiner ursprünglichen Form, aber er gibt es mit einer kleinen eigenen Ergänzung weiter. Derjenige, dem er es erzählt, fügt seinen Hauch von Übertreibung hinzu, bis die Aussage schließlich so aufgebläht und verzerrt ist, dass sie alles andere als die wahre Wahrheit vermittelt. Es wäre schwierig, jemandem vorsätzliche Ausflüchte vorzuwerfen. Das Ergebnis ist eine Art Akkumulationslüge, die aus aufeinanderfolgenden einzelnen Beiträgen kleiner Übertreibungen entsteht. Tausende, die sich niemals schuldig machen würden, eine ganze Geschichte zu erfinden, die den Ruf eines anderen beeinträchtigt, tragen ständig zur Bildung dieser sich anhäufenden Unwahrheiten bei, deren Ergebnisse genauso böse sind, als wären sie von einer einzigen Person erdacht und erfunden worden.

Wir können in unserem Gespräch ein schönes Gefühl der Ehre zum Ausdruck bringen. Auf hundert verschiedene Arten wird diese höchst passende Eigenschaft der wahren Frau und des echten Gentlemans oft auf die Probe gestellt. Wir können uns erinnern, dass es genauso leicht ist, sich in der Sprache schlecht zu benehmen wie im Verhalten.

Es gibt Männer und Frauen, die bei einem Abendessen unter keinen Umständen gegen die Regeln der Tischetikette verstoßen würden, die aber durch eine gedankenlose oder maßlose Verwendung von Worten ebenso schwerwiegende Verstöße begehen können. Sie verzichten vielleicht nicht auf die Gabel, aber sie verletzen das Herz durch unfreundliche Worte. Sie mögen alle Annehmlichkeiten von der Austerngabel bis zur Fingerschale beachten, und doch beleidigen sie irgendein Mitglied der Gesellschaft durch Sarkasmus oder persönliche Anspielungen. Sie dürfen die Serviette nicht verlegen oder missbrauchen, aber sie können das gesamte Unternehmen verunsichern, indem sie sich weigern, in der Argumentation der größeren Beweiskraft nachzugeben; oder indem man eine Geschichte mit unwichtigen Details überfrachtet. Sie mögen peinlich genau sein und ein lockeres und anmutiges Benehmen haben, aber vielleicht haben sie nie die sanfte Kunst erlernt, bei Kritik oder wenn man mit einem Widerspruch konfrontiert wird, ein mildes Temperament zu bewahren.

Diese sehr suggestiven Worte erschienen in „The Churchman": „Es ist fast eine Definition eines Gentlemans, zu sagen, dass er jemand ist, der niemals Schmerzen zufügt. Der wahre Gentleman vermeidet sorgfältig alles, was bei denjenigen, die Schmerzen haben, einen Schock oder einen Schock hervorrufen könnte." wen er berufen hat. Er hat seine ganze Gesellschaft im Blick; er ist zärtlich gegenüber den Schüchternen, sanft gegenüber den Fernen und barmherzig gegenüber dem Absurden. Er vermeidet unvernünftige Anspielungen auf Themen, die irritieren könnten; er tritt in Gesprächen selten hervor, und niemals ermüdend. Eine weitere entzückende Eigenschaft an ihm ist, dass er Gefälligkeiten geringschätzt, wenn er sie gewährt, und den Eindruck erweckt, sie würden empfangen, wenn er sie gewährt. Er spricht nie von sich selbst, außer wenn er dazu gezwungen wird, und verteidigt sich nie durch eine bloße Erwiderung. Er hat keine Er hat ein offenes Ohr für Verleumdung oder Klatsch, ist gewissenhaft darin, denen, die ihn stören, Motive zu unterstellen, und interpretiert alles zum Besten. Er ist in seinen Streitigkeiten niemals gemein oder kleinlich, unterstellt niemals Böses, das er nicht auszusprechen wagt . Er hat zu viel Gutes Das Gefühl, bei Beleidigungen beleidigt zu sein, ist zu gut ausgebildet, um sich Verletzungen zu merken. Er mag mit seinen Ansichten Recht oder Unrecht haben, aber er ist zu klar im Kopf, um ungerecht zu sein. Er ist ebenso einfach wie energisch und ebenso kurz wie entscheidungsfreudig."

Der unterhaltsame Redner ist nicht zwangsläufig ein großartiger Redner; Er ist oft ein guter Zuhörer. Er versteht, dass eine helle Geschichte, kurz erzählt, amüsant sein wird, dass die Menschen jedoch von einer langen Geschichte voller sinnloser Details gelangweilt sind. Er ist nicht unbedingt gebildet oder profund. Er versteht, dass Kleingeld im gesellschaftlichen Verkehr genauso wichtig ist wie zwischen Männern im Geschäftsleben. „Obwohl Smalltalk von manchen klugen Leuten als eitel und leichtfertig abgetan wird", heißt es im *Zion's Herald* , „hat Smalltalk eine legitime Funktion im menschlichen Verkehr Würde der Kaufmann die Zehn- und Vierteldollarmünzen aus seiner Geldschublade verbannen? Ohne sie wären die Räder des Handels blockiert. Ein ehrlicher alter Kupferpfennig wird oft den Ausschlag für ein gutes Geschäft geben. Geplauder erleichtert die Konversation. Die Zwangsjacke wird abgenommen, die mentalen Kräfte kommen voll zum Einsatz, der Mensch handelt selbst, und die Kommunikation von Seele zu Seele wird frei und angenehm. Mit Smalltalk ist er vertraut und kann damit umgehen wie ein Jongleur seine Karten. Der Philosoph dämmt mit seinen gelehrten und genauen Phrasen sofort den Seelenstrom ein.

Männer und Frauen sind nicht unbedingt originell. Was wir heute sagen, wurde schon tausendmal genauso gut gesagt; aber das ist kein Grund, warum wir sie nicht noch einmal sagen sollten. Die Münzen in Ihrem Geldbeutel haben hunderte Hände durchgemacht und sind nicht weniger nützlich, um Ihnen erneut zu dienen.

Das Ende eines Gesprächs ist die Gemeinschaft, die man genießt, und nicht der Schatz an Weisheit, der mitgeteilt wird. Ob sie etwas Wichtiges sagen oder nicht, wir hören gerne einige Leute reden; Sie inspirieren uns und setzen unsere eigene mentale Maschinerie in Gang. Smalltalk bringt uns oft am leichtesten in Kontakt mit einer anderen Seele.

Alle guten Gesprächspartner kennen den Nutzen von Smalltalk. Sicherlich wissen sie etwas mehr, etwas Größeres und Besseres, aber die Lücken im größeren Thema werden wunderbar durch eine vertraute Einfügung der kleineren Dinge auf gesprächige Weise gefüllt. Manch ein weiser und gelehrter Mann wäre ein besserer Redner, wenn er einen Vorrat an kleinen Münzen zur Hand hätte. Er kann sehr gut über ernste und tiefgründige Themen reden, aber der schnelle Scherz und die lockere Schlagfertigkeit im Salon und im Esszimmer übersteigen ihn. Trotz seines gelehrten Wissens ist er in der Gesellschaft benachteiligt, in der keine Zeit für Predigten oder Abhandlungen über gelehrte Themen bleibt. Weniger begabte Menschen plaudern und lachen und haben eine gute Zeit, während er in düsterer Stille dasitzt. Diejenigen, die im gesellschaftlichen Verkehr Freude bereiten und Freude daran haben möchten, müssen mit sich herumtragen und bereit sein, auf die kleine Abwechslung von lockeren und witzigen Gesprächen zu verzichten.

Um in der Gesellschaft beliebt zu sein, finden Sie heraus, ob Ihr Begleiter lieber redet oder zuhört; Vermeiden Sie Persönlichkeiten; Versuchen Sie, das Gespräch auf Themen zu lenken, die für andere vertraut und interessant sind, anstatt sie Ihnen besonders zu erfreuen. Gönnen Sie sich niemals Sarkasmus. sei gutmütig und sympathisch; bemühen Sie sich, taktvoll zu sein; kleine Aufmerksamkeiten austauschen; Sprechen Sie mit allen mit der gleichen Aufmerksamkeit und dem gleichen Interesse, und wirken Sie, egal über welches Gesprächsthema oder wo auch immer Sie sich befinden, fröhlich und zufrieden. Erwerben Sie die Anpassungsfähigkeit an Orte und Menschen, die immer zu einer dankbaren und angenehmen Gesellschaft führt, und zeigen Sie sie dann auch.

William Mathews schreibt in *Success* : „Konversation bestimmt das Schicksal des Staates und des Einzelnen; von der Diplomatie, die im Wesentlichen die Kunst ist, sich geschickt über politische Themen zu unterhalten, bis hin zu den täglichen Transaktionen auf dem Markt und an der Börse ist ihr Imperium offensichtlich." an alle.

„Warum wird der Kultur heutzutage angesichts der Macht und Wichtigkeit der Konversation so wenig Aufmerksamkeit geschenkt? sind dennoch bereit, ihre Gedanken in einem Zustand der Schlamperei ins Ausland zu schicken, ungeachtet des Eindrucks, den sie hinterlassen?“

GUTES ENGLISCH.

Wir sollten mit unseren Worten genauso vorsichtig sein wie mit unseren Taten.

CICERO.

Eine Errungenschaft ist in ihrer akzeptierten Bedeutung „etwas Erworbenes, das vervollkommnet oder vervollständigt; eine Errungenschaft, die dazu neigt, den Charakter, die Art und Weise oder die Person zu verbessern und die anderen Freude bereitet."

Sicherlich kann der Mann oder die Frau, die gefallen wollen, nicht über allzu viele Errungenschaften verfügen; Und wenn man die gerade gegebene Definition akzeptiert, gibt es eine andere Errungenschaft von größerer Bedeutung als die Fähigkeit, die eigene Muttersprache mit Leichtigkeit und Eleganz zu sprechen und zu schreiben? Gibt es einen anderen Kulturtest, der so aussagekräftig ist wie dieser? Ist es nicht mehr als alles andere die Sache und vor allem die Art und Weise des Sprechens, die auf die Person, die wir zum ersten Mal treffen, einen positiven oder negativen Eindruck von unseren Kenntnissen macht? Möglicherweise haben wir im Laufe unseres Lebens nur wenige Gelegenheiten, unser Wissen über Geometrie, Algebra oder Astronomie unter Beweis zu stellen. Wir mögen wochenlang in der Gesellschaft anderer Menschen sein, ohne ihnen den Verdacht zu geben, dass wir Latein- oder Griechischkenntnisse besitzen, aber solange wir leben, und jeden Tag, an dem wir leben, geben wir Hinweise auf Leichtigkeit oder Unbeholfenheit der Gebrauch unserer Muttersprache.

Wie viel Zeit wird mit dem Üben an Musikinstrumenten verschwendet, die nicht reagieren – weil sie nicht von mitfühlenden Fingern berührt werden! Wie viel Zeit wird dafür aufgewendet, sich leichte Französisch- und Deutschkenntnisse anzueignen, die im Allgemeinen dazu führen, dass man ein paar einfache Phrasen verwenden und einfache Sätze mit Hilfe eines Wörterbuchs übersetzen kann! Wie viele junge Frauen ohne jegliche künstlerische Begabung verbringen Wochen und Monate unter der Anleitung von Lehrern mit dem vergeblichen Versuch, in Öl oder Aquarell etwas zu schaffen, das es wert ist, als Bild bezeichnet zu werden! Um wie viel mehr wäre es für diese jungen Frauen von Vorteil, wenn sie einen Teil dieser Zeit damit verbringen würden, sich ein besseres Verständnis für die Verwendung der englischen Sprache anzueignen!

Der Autor kannte einmal ein Mädchen, das, nachdem es eine Auswahl auf dem Klavier gespielt hatte, den Raum verließ und in Tränen ausbrach, weil ihr bei der Ausführung ein kleiner Fehler unterlaufen war – ein Fehler, der zwei der zwanzig im Salon versammelten Personen nicht bemerkte . Dasselbe Mädchen zeigte jedoch gewohnheitsmäßig eine Nachlässigkeit in der Aussprache und eine Unkenntnis der englischen Grammatik, für die sie sich zutiefst hätte schämen sollen und die ihren Freunden weit mehr Ärger bereitete als ihre Fehler in der Musik.

Jungen und Mädchen sollten beigebracht werden, das Gefühl zu haben, dass es für sie genauso unrühmlich ist, die Wortarten in einem Gespräch zu verwechseln, wie es für sie ist, Misstöne in der Musik zu verursachen, ein Bild durch Zeichnen zu beenden oder sich einer Unachtsamkeit schuldig zu machen Benehmen. Ihnen sollte das Gefühl gegeben werden, dass Kenntnisse in Musik, Französisch, Deutsch oder Malerei oder andere so genannte Leistungen die Schlamperei der Diktion nicht ausgleichen können.

In einer Ansprache an eine Mädchenschule sagte Bischof Huntington einmal: „Wahrscheinlich gibt es kein allgemein verwendetes Instrument, vom Bleistift bis zum Klavier, das so unvollkommen als Sprache verwendet wird. Wenn Sie es mir klarstellen wollen, vermute ich, dass dies der Fall wäre.“ Seien Sie sicher, jeder jungen Dame hier eine Goldmedaille als Preis anzubieten, die nicht vor morgen Abend einen Satz ausspricht, der nicht analysiert werden kann, keine Singular- und Pluralformen in verbotene Verbindungen setzt, keine Partikel fallen lässt, kein doppeltes Nein Verneinungen, vermischen Sie keine Metaphern, verwirren Sie keine Klammern; beginnen Sie keine Aussage zwei- oder dreimal, ohne sie zu beenden; und konstruieren Sie einen Satz nicht ein einziges Mal auf diese Weise:

„Wenn jemand so redet, sollte er sich dafür schämen.“

Dies sind offene Aussagen, die man an eine Klasse junger Damen richten kann; aber die Schlussfolgerung des Bischofs würde nicht nur im vorliegenden Fall, sondern auch für eine große Anzahl von Gymnasien, Seminaren und Colleges dieses Landes gleichermaßen zutreffen. Sicherlich könnte ein solcher Vorwurf gegen die anderen praktischen Studienzweige nicht erhoben und aufrechterhalten werden.

Als James Russell Lowell sagte: „Wir sind die Menschen mit der höchsten Bildung und der geringsten Bildung auf der Welt“, hätte er vielleicht hinzufügen können, dass diese Aussage besonders auf unsere Gewohnheiten zutrifft, unsere Muttersprache zu gebrauchen oder zu missbrauchen.

Diese allgemeine Gleichgültigkeit gegenüber gutem Englisch ist in den meisten Fällen nicht das Ergebnis mangelnder Kenntnisse, denn in fast allen Schulen wird dem Studium der technischen Grammatik genügend Zeit gewidmet, um dem Schüler die Möglichkeit zu geben, sich gründlich mit den zugrunde liegenden Grundsätzen vertraut zu machen der Gebrauch unserer Sprache.

Das liegt daran, dass viele Menschen nicht daran denken, die Regeln der Grammatik im Gespräch anzuwenden, weil sie sich nicht die Gewohnheit angeeignet haben, richtig zu sprechen. Wären Kinder von klein auf daran gewöhnt, nur korrektes Englisch zu hören, wäre es kaum nötig, sich willkürliche Grammatikregeln zu merken, denn sie würden aus Gewohnheit richtig sprechen und schreiben. Deshalb sind die Kinder gebildeter Eltern im Gegensatz zu den Kindern ungebildeter Eltern im Allgemeinen so locker und anmutig in ihren Gesprächen. Unsere Sprache ist ebenso wie unser Benehmen von denen geprägt, mit denen wir Umgang haben.

Mehrere andere Nationen sind unseren eigenen weit voraus, was die Gründlichkeit betrifft, mit der ihre Jugend im Gebrauch der Sprache geschult wird.

In Frankreich werden Kenntnisse der französischen Sprache in Wort und Schrift als besonders wichtig angesehen. Bei allen Aufnahmeprüfungen, Beförderungs- und Abschlussprüfungen werden zunächst die Kenntnisse des Schülers in seiner Muttersprache festgestellt; und es sind keine Beförderungen zulässig und keine Diplome verliehen, wenn der Student in dieser Hinsicht erhebliche Defizite aufweist, selbst wenn seine Kenntnisse in den anderen erforderlichen Zweigen alle wünschenswerten Anforderungen erfüllen sollten. Wir haben in den Vereinigten Staaten keinen so hohen Standard. Es ist erst ein paar Jahre her, dass sichere Englischkenntnisse zu den Zulassungsvoraussetzungen für amerikanische Colleges hinzugefügt wurden, und selbst jetzt haben sie in keiner unserer Bildungseinrichtungen das relative Gewicht bei der Bestimmung der Prüfungen wie Französisch und Deutsch die Systeme dieser Länder. Auch wenn im Englischunterricht große Verbesserungen erzielt wurden und bessere Methoden als früher eingesetzt werden, kann man dennoch mit Sicherheit sagen, dass in keinem anderen Studienzweig, der mit der gleichen Sorgfalt betrieben wird, die Ergebnisse so unbefriedigend sind.

Sicherlich zeigen wir den Grad unserer Kultur und Vornehmheit auf keine andere Weise so deutlich wie durch unsere alltäglichen Gespräche. Ist es dann nicht wichtig, dass wir unsere Anstrengungen ernsthaft und, wenn nötig, mit unendlicher Geduld darauf verwenden, eine so wichtige Angelegenheit zu meistern?

Die Auswahl von gutem Englisch bedeutet nicht unbedingt eine gestelzte Monotonie der Sprache oder eine ermüdende Geziertheit. Es ist einfach Eleganz und Natürlichkeit. Es gibt keinen Grund, warum jemand, egal wie bescheiden sein Stand im Leben ist, nicht darauf hoffen sollte, seine Muttersprache richtig zu sprechen. Es ist eine Leistung, die nicht teuer ist. Für den Erwerb benötigt man keine hochpreisigen Lehrer. Es erfordert nur Sorgfalt und Aufmerksamkeit. Seien Sie selbstkritisch. Achten Sie auf Ihre

Sätze. Lassen Sie Ihre Versprecher von Ihren Begleitern korrigieren. Wiederholen Sie den schwierigen Satz so lange, bis der Fehler unmöglich wird. Gut gebildeten Personen zuzuhören und die beste Literatur zu lesen, ist in dieser Richtung eine große Hilfe, insbesondere wenn wir beiden die aufrichtige Schmeichelei der Nachahmung entgegenbringen. In unserer Literatur wimmelt es von Meisterwerken des Stils. Sie konsequent zu lesen bedeutet, sich eine gewisse Diktion anzueignen.

Es gibt viele Menschen, die zwar nicht gegen die Regeln der technischen Grammatik verstoßen, sich aber gewohnheitsmäßig in Umgangssprache, Übertreibungen und vielen „Unkräutern der Sprache" stürzen, die umgehend beseitigt und beiseite geworfen werden sollten. Sehr viele Jungen und Mädchen und sogar einige ältere Menschen sind der Meinung, dass die Verwendung von Slang ihren Gesprächen Würze und Kraft verleiht. Slang ist immer ein Element der Schwäche. Bei einem Mann ist es schon schlimm genug, aber bei Frauen ist es weitaus fragwürdiger. Es ist nicht der Ausdruck des Raffinierten. Für den kultivierten Geschmack ist es nicht im Einklang.

Ein weiterer Fehler, der bei Mädchen weit verbreitet ist, ist die Angewohnheit, übertrieben zu sein. „Perfekt", „furchtbar", „schön" und „prachtvoll" sind die vier am meisten überarbeiteten Wörter, und „furchtbar" ist das am meisten missbrauchte von allen. Es ist seltsam, welchen Einfluss dieses Wort im Wortschatz von Mädchen erlangt hat, die im Übrigen fast rücksichtsvoll mit der englischen Sprache umgehen. Man nennt Menschen furchtbar gut, furchtbar böse, furchtbar klug, furchtbar dumm, furchtbar nett, furchtbar lustig und furchtbar freundlich. Es soll bei allen Gelegenheiten und unter allen Umständen seine Pflicht erfüllen, als wäre es das einzige Adverb, das in einer guten Gesellschaft zulässig ist. Unter den Adjektiven ist „splendid" mit Sicherheit das beliebteste. Für viele ist alles großartig, sei es eine Blume, ein Sonnenuntergang, ein Abendessen, ein Fußballspiel, ein Freund, eine Predigt oder ein Buch. Dann hören wir ständig, dass bestimmte Dinge *vollkommen* großartig, *vollkommen* lieblich, *vollkommen* hasserfüllt, *vollkommen* herrlich, *vollkommen* großartig und *vollkommen* süß sind. Wie die von Wörtern geprägte Gesellschaft ohne diese Ausdrücke auskommen würde, ist schwer zu sagen, aber sicher ist, dass die Frau, die rücksichtslos mit Superlativen umgeht, sofort zeigt, dass ihr Urteil von ihren Impulsen dominiert wird, dass ihre Meinungen von zweifelhafter Zuverlässigkeit sind und dass ihre Kritiken zweifelhaft sind wertlos.

In einer aktuellen Ausgabe einer der populären Zeitschriften hat Prof. Brander Matthews einen Artikel über die vorherrschende Gleichgültigkeit gegenüber dem richtigen Gebrauch von Wörtern veröffentlicht. Die Punkte, die er hervorhebt, sind diese:

Der Herr ist in seiner Sprache nie gleichgültig, nie rücksichtslos. Wer in seiner Sprache schlampig ist, ist genauso anstößig wie ein Schlampe in seinem Benehmen und seiner Kleidung. Die saubere Formulierung einer Phrase ist für das Ohr ebenso angenehm wie die Sauberkeit einer Person für den raffinierten Geschmack. Ein Mann sollte seine Worte mindestens genauso sorgfältig wählen wie seine Kleidung; selbst eine Andeutung des Dandys ist nicht zu beanstanden, wenn es nur eine Andeutung ist. Es ist sogar besser, bis zum Äußersten der Sorgfalt zu gehen, als sich dem entgegengesetzten Extrem der Nachlässigkeit hinzugeben.

Die Kunst, Briefe zu schreiben, ist nur eine weitere Phase derselben Sache. In der Tat ist es nur ein mit der Feder geführtes Gespräch, wenn Entfernung oder Umstände die einfachere Methode des Gedankenaustauschs durch gesprochene Worte verhindern. Es ist eine Kunst, die von denen, die gefallen wollen, treu gepflegt werden sollte. Im gesellschaftlichen Leben, im Geschäftsleben und in fast allen anderen Lebensumständen wird unsere Feder zur Beschlagnahmung gerufen. Doch obwohl es sich um eine nahezu unverzichtbare Errungenschaft handelt, wird sie doch kläglich vernachlässigt. Die Kunst des Briefeschreibens wird obsolet; das heißt, die Kunst, solche Briefe zu schreiben, bereicherte die Briefliteratur einer früheren Generation. Das ist bedauerlich, denn es gibt nichts, was das Nachdenken so anregt und praktische, alltägliche Feinheiten der Redewendung in die Tat umsetzt wie die Ausübung dieser Kunst. Ständige Übung beim Schreiben von Briefen wird dazu neigen, Wörter aus dem Wortschatz zu entfernen, die dort keinen Platz haben, und wird genauso viel bewirken wie jedes andere Mittel, die uns zur Verfügung stehende Sprache zu erweitern, zu verschönern und zu verfeinern sowie die Sprache zu trainieren Geist zu genauen Denkgewohnheiten. Ein weiterer wichtiger Aspekt ist der Charme, den ein „Juwel von einem Brief" auf den begeisterten Empfänger ausübt.

Die unabdingbaren Voraussetzungen eines guten Briefes sind Sauberkeit, Einfachheit und grammatikalische Korrektheit. Mängel in einer dieser Einzelheiten sind kaum zu verzeihen. Wir können nicht alle hübsche Schriftsteller sein, aber wir alle können leserlich schreiben und der Seite den Anschein von Ordentlichkeit verleihen. Kritzeln ist unentschuldbar.

„Eine gekritzelte Seite weist auf einen kritzelnden Geist hin, während eine klare, lesbare Handschrift nicht nur ein Hinweis auf klares Denken ist, sondern auch ein Mittel und Förderer für genaues Denken. Tatsächlich kann man es sich allein aus geschäftlichen Gründen nicht leisten, ein schlampiger Schreiber zu werden." "

„Und wer", heißt es in *The Philadelphia Record*, „kennt nicht den Charme eines anmutig formulierten, leserlich geschriebenen Briefes mit seinen breiten

Rändern, seiner klaren, schwarzen Tinte und dem zierlichen Briefpapier? Eine Kunst ist in der Tat das Schreiben eines solchen." Schreiben; eine Kunst, die jede Frau pflegen sollte. Eine hastig geschriebene Zeile, die Anzeichen von Nachlässigkeit verrät und auf ein gleichgültiges Blatt Papier gekritzelt ist, ist in der Tat ein schlechtes Kompliment für den Empfänger und entlockt dem Verfasser alles andere als schmeichelhafte Kommentare. "

Nachlässiges Reden ist schon schlimm genug, aber der Charme des Redners kann so groß sein, dass er Kritik entwaffnet. Der Buchstabe jedoch, das geschriebene Wort, steht für sich allein; „Was Schrift ist, ist Schrift." Es gibt keine anmutige Lebhaftigkeit, die man für den Schriftsteller plädieren könnte; Keine Koketterie, die den Blick des Lesers von den kalt auf Schwarz und Weiß dargelegten Fehlern ablenken könnte. Seien Sie daher beim Verfassen eines Briefes äußerst vorsichtig, sei es an einen Freund oder Feind oder an einen Liebhaber. Versenden Sie einen Brief niemals unbekleidet, sozusagen kaum mehr, als Sie sich *en dishabille* vor Ihren formellsten Bekannten präsentieren würden. Das eine ist fast so offensichtlich wie das andere.

Takt im Gespräch.

„Fragen Sie nur die Brunnen nach ihrer Gesundheit. "

Diskretion in der Sprache ist mehr als Beredsamkeit.

SPECK.

Brillanz im Gespräch ist für das Unternehmen das, was eine brennende Kerze für einen dunklen Raum ist – sie erhellt das Ganze. Aber hin und wieder löscht eine ungeschickte Person ihn aus, wenn er versucht, den Docht abzuschneiden, um ihn heller zu machen.

JAMES C. BEEKS.

Selten kommt es in der Gesellschaft zu einem Versäumnis, das so erstaunlich ist wie die unbequemen Bemerkungen, die Männer und Frauen unschuldig zueinander machen. Manche Menschen, die in anderer Hinsicht vorsichtig und rücksichtsvoll sind, scheinen einen beklagenswerten Mangel an der Eigenschaft zu haben, die wir Taktgefühl nennen. Sie möchten gefallen; Sie würden um alles in der Welt nicht absichtlich etwas sagen oder tun, was die Sensibilität eines Freundes verletzen oder verletzen könnte; Dennoch sagen sie ständig „Dinge, die besser ungesagt geblieben wären".

Harper's Bazar erwähnt einige dieser Reden, für deren Existenz es keine Entschuldigung gibt.

„Was ist das für ein lieber kleiner Kerl!" sagte ein Anrufer der Mutter eines Dreijährigen.

„Er ist ein großer Trost für uns", antwortete die Mutter und streichelte die langen Locken des Kindes.

„Ja, das glaube ich. Er ist nicht hübsch, oder? Sein Haar ist jetzt so schön, dass man ihn auf den ersten Blick hübsch nennen würde. Aber wenn Sie sich vorstellen, wie er aussehen wird, wenn diese goldenen Locken abgeschnitten werden, dann Sie wird sehen, dass er ein sehr einfaches Kind sein wird.

Eine andere Frau sagte zu einer Bekannten: „Frau A., ich hoffe, Sie verzeihen mir, wenn ich sage, dass ich glaube, ich habe noch nie ein schöneres Stück Spitze gesehen als den Volant auf dem Kleid, das Sie letzte Woche auf dem Ball der Versammlung getragen haben. I sagte hinterher zu meinem Mann, wenn Herr A. erneut scheitern und alles verlieren sollte, wie er es bereits ein- oder zweimal getan hat, könnten Sie diese Spitze verkaufen und leicht einen guten Preis dafür erzielen.

Dieselbe Frau sagte während eines mehrwöchigen Besuchs zu ihrer Gastgeberin, als die Zeit ihrer Abreise näher rückte: „Ich denke immer, dass das Schönste an einem Besuch die Rückkehr nach Hause ist. Die Familie ist immer so." Ich freue mich, einen zu sehen, und es ist für mich immer ein großer Luxus, in mein eigenes Haus zurückzukehren , wo ich tun kann, was ich will, sagen kann, was ich will, und bestellen kann, was ich essen möchte.

Auch hier gibt es Menschen, die zu glauben scheinen, dass es ihre Aufgabe sei, die Gebrechen jedes Menschen, mit dem sie in Kontakt kommen, zu durchbohren. Sie lernen, unangenehm zu sprechen. Sie drängen Sie in den sozialen Kreis und sprechen über das Thema, von dem sie wissen, dass es Ihnen am unangenehmsten ist, und zwar in einem Ton, der laut genug ist, dass alle anderen Personen im Raum es hören können. Wenn einem ein Fehler unterlaufen ist, wird er verraten. Wenn Sie bei einem Ihrer Unternehmungen erfolglos waren, werden sie sich sicherlich nachfragen, auch nach Einzelheiten. Sie entfalten Ihre Vergangenheit und blicken auf Ihre Zukunft. Sie stellen einen jedes Mal auf die Folterbank, wenn man ihnen begegnet, und man erschrickt instinktiv, wenn man ihre Annäherung wahrnimmt.

„Wir alle kennen diese Personen", heißt es im *Zion's Herald* , „die Personen, die immer das unpassende Wort äußern, die sich allgemein unangenehm machen, die scheinbar nie versuchen, einen angenehmen Eindruck auf andere zu machen, sondern denen es Freude macht, zu stechen und zu verletzen." "

Kennen wir nicht alle die in diesem Zitat erwähnte Nachbarin: „Als kurze und scharfe Peinigerin, als Nagel im Stiefel, als Wippe für die Schienbeine in einer dunklen Nacht oder als spitzer Winkel für den Nervus ulnaris, Frau R ———, unsere Nachbarin, übertrifft alle Menschen, die ich je gesehen habe. Ich bin mir ziemlich sicher, dass sie es tun würde, wenn sie eine Leiche dadurch stören könnte, dass sie ihr zuflüstert, dass ihr Leichentuch nicht passt und dass die Blumengeschenke nicht das sind, was man erwartet hat ."

Sind Sie als Frau nicht mehr als einmal mit einer anderen Frau spazieren gegangen, die mit Ihrem Aussehen nie zufrieden ist?

Sie zieht an Ihrem Kleid und sagt: „Dieses Kleid hat Ihnen nie gepasst; es steht Ihnen überhaupt nicht, warum haben Sie nicht Ihr anderes getragen?" Bald beginnt man sich unwohl zu fühlen und sich zu wünschen, man wäre wieder zu Hause. Ihre Haube sieht vielleicht nie so gut aus, oder Ihre neue Jacke passt Ihnen vielleicht perfekt, aber sie erwähnt beides nie. Sie bemerkt nur Mängel; sie sieht alles Unangenehme. Solche Menschen hinterlassen immer ein unangenehmes Gefühl, wenn sie dich verlassen.

Sarkasmus ist keine Eigenschaft, die von beiden Geschlechtern gepflegt werden sollte. Männer mögen es bei Frauen nicht. Es mag amüsant sein, wenn es sich gegen einen anderen richtet, aber es lauert immer die Angst, dass es eines Tages gegen einen selbst gerichtet sein könnte. Sarkasmus ist ein Unkraut, das, wenn es erst einmal gekeimt ist, immer weiter wächst und die kleinen Pflanzen der Freundlichkeit, Voraussicht und Rücksichtnahme erstickt, bis es den Garten des Geistes überschwemmt und jeden Gedanken mit einem unangenehmen, stechenden Geruch beherrscht und kontrolliert, der nicht sein kann ausgerottet.

Das sarkastische Mädchen ist nicht faszinierend, denn sie ist keine angenehme Gesellschafterin. Sie ist zu scharfsinnig, um angenehm zu sein. Sie verfügt möglicherweise über ein Talent, das über dem Durchschnitt ihrer Bekannten liegt; sie kann möglicherweise in einem halben Dutzend verschiedener Sprachen sprechen; sie mag so schön sein wie eine griechische Statue; aber Männer scheuen sich vor ihr. Sarkasmus ist kein Witz, obwohl Witz sarkastisch sein kann. Man kann klug sein und alle möglichen klugen Dinge sagen, ohne die Gefühle anderer durch scharfe, messerscharfe Meinungen zu verletzen, die voller Bitterkeit und voller Frechheit sind.

Der taktvolle Mensch macht nicht den Fehler, zu viel über sich selbst zu reden. Zumindest als wir jung sind, sind wir für uns selbst sehr interessant und neigen dazu, uns vorzustellen, dass sich die ganze Welt für unsere Meinungen, Vorurteile und Geschmäcker interessiert. Aber obwohl dies auf unsere liebsten Freunde zutrifft, trifft es auf andere Menschen nicht zu.

„Ohne Frage", sagt der *Magnet* , „müssen unsere Gespräche auf dem basieren, was wir auf die eine oder andere Weise erlebt haben. Aber das macht es nicht notwendig, dass wir ständig über uns selbst sprechen. Wenn wir die Dinge, die wir sagen, sorgfältig prüfen sollten." gegenüber den bloßen Bekannten wären wir oft erstaunt, wenn wir sehen würden, dass wir ein Interesse an uns selbst zeigen, das wir nicht erwarten dürfen. Kranke Menschen beanspruchen oft wahllos ihr Mitgefühl und unterhalten sowohl Fremde als auch Freunde mit detaillierten Beschreibungen ihrer jüngsten Symptome und den neuesten Heilmitteln des Arztes. Einige von uns, die sich nicht mit einer Krankheit entschuldigen können, drängen den Menschen, denen wir begegnen, auf, indem sie sie dazu zwingen, sich eine Menge persönlicher Informationen anzuhören, die für uns selbst und möglicherweise für diejenigen, die uns sehr lieben, von Interesse sein könnten, für uns aber kaum irgendjemand anderes.

Vor einigen Jahren berichtete die *Christenunion* über diesen Vorfall: Der gesellschaftliche Anlass war ein Abendessen. Einer der Gäste war eine Frau, die das mittlere Leben hinter sich hatte; Guter Geschmack, reichliche Mittel, weibliche Anmut und natürliche Vornehmheit machten sie zu einer Bereicherung für jeden Kreis. Die Gastgeberin des Anlasses war eine Frau, die stolz auf ihre Fähigkeit war, den Anforderungen ihres Standes gerecht zu werden. Sie zweifelte nicht an ihrer Eignung für soziale Kontakte, aber ihre

Freunde hatten nicht das gleiche uneingeschränkte Vertrauen in ihr Taktgefühl.

Der freundliche Gast stellte zu ihrer Freude fest, dass sie der Obhut des Sohnes einer alten Schulfreundin anvertraut wurde, und dankte ihrer Gastgeberin innerlich für die Rücksichtnahme und Rücksichtnahme, die es ihr ermöglichte, von ihrer Freundin zu hören, die sie noch nicht kannte in Jahren. Kaum saßen die Gäste am Tisch, beugte sich die Gastgeberin zu dem jungen Mann und sagte mit einer Stimme, die für die gesamte Gesellschaft vollkommen hörbar war: „Mach dir nichts, Bob, beim nächsten Mal werde ich es besser für dich machen."

Eine Minute lang herrschte vollkommene Stille, die Dame und ihre Begleitung waren gleichermaßen entsetzt über das, was gesagt worden war; Aber die Freundlichkeit des Gastes überwand den peinlichen Moment, indem er die Aufmerksamkeit des jungen Mannes auf die Rosen auf dem Tisch lenkte, die, wie sie lächelnd zu ihm sagte, die großen Lieblingsrosen seiner Mutter waren, als sie in der Schule war. Das hat das Eis gebrochen. Die Gastgeberin war sich überhaupt nicht bewusst, dass sie sich irgendeiner Unhöflichkeit schuldig gemacht hatte. Ihre Absicht war es, dem jungen Mann gegenüber besonders höflich zu sein; Erstens, um ihm zu versichern, dass er wieder ihr Gast sein würde, und zweitens, dass sie ihm dann eine Rosenknospe anvertrauen würde. Das Amüsante daran war, dass der junge Mann den Freund seiner Mutter sehr bewunderte und bei seinen Besuchen in der Stadt häufig ihr Gast gewesen war.

Es ist schwer vorstellbar, wie eine Frau sich in irgendeiner Weise in der Gesellschaft bewegen und dabei zu einem solchen Fehler fähig bleiben könnte, und doch haben wir alle ähnliche Erfahrungen durch Menschen gemacht, deren soziale Erfahrung eine solche Taktlosigkeit unmöglich machen sollte. Jetzt kommt mir eine imposante Frau in den Sinn, die stolz darauf war, immer genau das gesagt zu haben, was sie dachte. Bei einem Empfang füllte sie mit ihrer Art den Raum; Es war unmöglich, sich ihrer Anwesenheit weiterhin nicht bewusst zu sein.

Sie verneigte sich freundlich vor ihren Bekannten, segelte – denn Frauen dieser Art gehen nicht – auf eine bescheidene kleine Dame zu, deren Gesundheitszustand, wie sie gehört hatte, sich verschlechterte, und rief mit lauter Stimme: „Was hast du dir angetan?" Du bist fünfzehn Jahre gealtert, seit ich dich das letzte Mal gesehen habe!" Sie hatte nicht die Absicht, unfreundlich zu sein, sondern übte lediglich ihr System, genau das zu sagen, was sie dachte, und sie drängte ihre Freunde ständig auf die Angemessenheit dieses Verhaltens; Aber was für ein unerträglicher Ort wäre unsere Welt, wenn wir alle diesem Beispiel alberner und rücksichtsloser Stumpfheit folgen würden.

Die Frau, die in Ihnen immer Ähnlichkeiten mit einer anderen Person findet, die sie kennengelernt hat, macht viele der unangenehmen Erfahrungen des sozialen Lebens, und wenn sie es für interessant hält, den Charakter Ihres Prototyps auszunutzen, verweilt sie bei den geistigen und körperlichen Mängeln , sie wird unerträglich. Doch die Gesellschaft hat bisher keinen sicheren Weg gefunden, sie zu beseitigen.

Solche Unglücklichkeiten sind nicht so sehr Ausdruck von Unfreundlichkeit, sondern von einer gewissen Unfähigkeit oder mangelndem *Savoir-faire* . Solche Menschen fühlen sich gezwungen, ihren Teil zum Reden beizutragen, haben aber weder Taktgefühl bei der Auswahl des Themas noch die Wachsamkeit entwickelt, Fallstricke zu vermeiden – beides Eigenschaften, die sich jeder, mit dem sie unglücklicherweise konfrontiert werden, durch eifriges Selbsttraining aneignen kann sind nicht angeboren.

In einem dieser Fälle waren schlechte Manieren der natürliche Ausdruck der Frau, weil ihr Impuls egoistisch war; denn es ist sicherlich wahr, dass eine Person von wirklich selbstlosem Charakter nicht durch persönliche Bemerkungen beleidigt wird. Manieren sind der Ausdruck des Herzens, und der Mann oder die Frau, die geistig in freundlichen, rücksichtsvollen Beziehungen zu Mitmenschen leben, werden davon Abstand nehmen, Gedanken auszudrücken, die möglicherweise Anstoß erregen könnten. Es gibt kein Geheimnis in der sozialen Gnade. Es bedeutet, sich an andere Menschen in ihren verschiedenen Beziehungen zu uns zu erinnern. Die Frau, die gesellschaftlich erfolgreich ist, ist nicht diejenige, deren Ziel im Leben so sehr der Wunsch ist, nur zu gefallen, sondern diejenige, deren Wunsch vielmehr darin besteht, andere glücklich zu machen. Das eine ist ein höflicher Zweck; Das andere ist eine feine Art von Selbstlosigkeit, die es unmöglich macht, unwillkommene Wahrheiten auszusprechen, zum Leidwesen eines jeden, dem man im beiläufigen persönlichen Kontakt begegnet, den wir Gesellschaft nennen.

Holmes gab uns einen guten Rat, als er sagte: „Schmeicheln Sie sich nicht, dass Freundschaft Sie dazu ermächtigt, Ihren Vertrauten unangenehme Dinge zu sagen. Im Gegenteil, je näher Sie mit einer Person in Kontakt kommen, desto notwendiger werden Taktgefühl und Höflichkeit." ."

DAS
KOMPLIMENT DER AUFMERKSAMKEIT.

„Wären wir so eloquent wie Engel, würden wir manche Menschen eher durch Zuhören als durch Reden erfreuen."

„Ein guter Zuhörer ist für einen geistreichen Redner so wichtig wie Stahl für einen Feuerstein. Es ist der scharfe Kontakt der beiden, der die Funken fliegen lässt."

Es gibt bestimmte Annehmlichkeiten im gesellschaftlichen Verkehr, die uns allen bekannt sind, wir vergessen jedoch ständig, sie in die Tat umzusetzen. In keiner Hinsicht macht sich diese Vergesslichkeit stärker bemerkbar als im Gespräch und insbesondere im Zusammenhang mit dem, was man „das Kompliment der Aufmerksamkeit" nennen könnte.

Wenn Sie daran scheitern, ein guter Redner zu werden, können Sie sich zumindest zu einem guten Zuhörer entwickeln, und das ist etwas, das Sie nicht verachten sollten. Es gibt wahrscheinlich mehr gute Redner als gute Zuhörer, und auch wenn es paradox klingen mag: Je besser Sie zuhören, desto größer wird Ihr Ruf als Gesprächspartner sein.

Nach Ansicht des zynischen Rochefoucauld liegt der Grund dafür, dass sich so wenige Menschen in Gesprächen angenehm zeigen, darin, dass es ihnen mehr darum geht, was sie selbst sagen werden, als darum, was andere zu ihnen sagen.

Wenn Sie „Nicholas Nickleby" gelesen haben, erinnern Sie sich, dass Frau Nickleby erzählt hat, wie bemerkenswert Smike als Gesprächspartnerin war. Sie unterhielt den armen Smike mehrere Stunden lang mit einem genealogischen Bericht über ihre Familie, einschließlich biografischer Skizzen, während er sie ansah und sich fragte, worum es ging und ob sie es aus einem Buch lernte oder es aus ihrem eigenen Kopf sagte.

Ein Autor im *Chicago Herald sagte* : „Was gibt es in der Tat umgangssprachlicheres als ein intelligentes Gesicht, das eifrig auf jemanden gerichtet ist, während er eine Geschichte erzählt? Welche Sprache kann mit dem sprechenden Erröten oder dem blitzenden Auge eines ernsthaften Zuhörers verglichen werden? Das war es." Desdemona, der mit gierigen Ohren seine Reden verschlang, gewann Othellos Herz. Er erzählte seine wundersame Geschichte, und sie hörte zu – das war nur die Hexerei, die er eingesetzt hatte."

Man sagt von Sir Walter Scott, dass er, obwohl er einer der besten Redner der Welt war, auch der beste Zuhörer war. Mit demselben ausdruckslosen Blick beobachtete er einen ganzen Abend lang, wie die Lippen seines geschwätzigen Peinigers unwissend über griechische Epigramme redeten oder sich dreist über die Feinheiten einer Parlamentsdebatte ausließen.

Man sagte von Madame Récamier , dass sie sehr gewinnend zuhörte, und das war ein Geheimnis ihrer wunderbaren Fähigkeit, zu bezaubern.

Wir haben alle die Geschichte von Madame de Staël gehört , die durch eine kluge List auf einer Party einem Taubstummen vorgestellt wurde. Sie redete den ganzen Abend mit ihm und erklärte anschließend, dass sie noch nie zuvor einen so intelligenten Zuhörer und einen so guten Gesprächspartner getroffen habe.

Erinnern Sie sich an die Geschichte, die Sterne in „The Sentimental Journey" erzählt hat?

Er war einer französischen Dame als großer Witzbold und engagierter Gesprächspartner dargestellt worden, und die Dame wartete ungeduldig auf eine Vorstellung, damit sie ihn reden hören konnte.

Sie trafen sich und, schreibt Sterne: „Ich hatte meinen Platz noch nicht eingenommen, als ich sah, dass es ihr völlig egal war, ob ich Verstand hatte oder nicht die Tür meiner Lippen.

Die Dame sagte später, sie habe noch nie in ihrem Leben ein besseres Gespräch mit einem Mann geführt.

Es könnten noch viele andere Beispiele genannt werden, die sich sowohl auf Fakten als auch auf Fiktion stützen, um zu zeigen, wie aufmerksames Zuhören die Freude an Gesprächen steigern kann und dass man sich manchmal einen Ruf für gute Konversationsfähigkeiten dadurch erwerben kann, dass man sein Ohr statt seiner Zunge trainiert.

„Eine häufige Besucherin bei mir zu Hause", sagte eine Dame, „ist eine großartige Geschichtenerzählerin, immer lehrreich und angenehm; aber sie ist eine schlechte Zuhörerin. Wenn mein Teil des Gesprächs hereinkommt, ist ihr Verhalten deprimierend. Ich fühle mich verlegen." , meine Worte verwirren sich, mein Gedächtnis verlässt mich und ich beeile mich, meine Bemerkungen zu beenden, im Bewusstsein, ein schwaches Argument vorgebracht zu haben, obwohl ich zu Beginn recht hatte. Meine Freundin verliert ihre lockere Art, wenn ich spreche, wird unruhig und bricht über mich herein, bevor ich richtig angefangen habe. Ihre gefühllosen Augen verraten mir so deutlich ihre Überlegenheit, als hätte sie es schwarz auf weiß geschrieben."

Geistliche, Lehrer und Redner verstehen und schätzen „das Kompliment der Aufmerksamkeit" besser als andere. Es ist in der Tat peinlich für jeden, der spricht, Anzeichen von Müdigkeit und Unaufmerksamkeit bei den Zuhörern zu bemerken. Wer es nicht gewohnt ist, vor einem Publikum zu stehen, erkennt selten, dass ein Redner ohne bewusste Anstrengung die Einstellung jedes Mitglieds seines Publikums zu ihm spürt und versteht. Der gute Zuhörer inspiriert und ermutigt ihn, während der ruhelose, unaufmerksame Zuhörer ein Dorn im Auge ist, irritiert und ablenkt.

Am Ende einer Vorlesung, die vor einigen Jahren in einer Stadt in Maine gehalten wurde, wandte sich der Dozent – ein staatlicher Schulaufseher – an den Autor und fragte:

„Wer sind diese beiden schwarz gekleideten Damen, die da am Fenster stehen?"

Nachdem er ihm ihre Namen genannt hatte, sagte der Autor: „Warum fragen Sie?"

Der Dozent antwortete: „Sie haben mir den ganzen Abend über sehr geholfen. Sie sind wunderbare Zuhörer. Sie schienen alles, was ich sagte, so sehr zu schätzen, dass es schien, als würde ich vor allem zu ihrem Vorteil sprechen."

„Dieses Mädchen", sagte eine Lehrerin und zeigte auf eine attraktive junge Dame, die gerade den Klassenraum verließ, „ist die erholsamste Schülerin, die ich je in meiner Schule hatte. Sie ist so sanft in ihrem Auftreten, so nachdenklich und so aufmerksam beim Rezitieren." , dass man nicht anders kann, als sie zu lieben. Egal wie unruhig die anderen Mitglieder der Schule werden, sie schenkt immer die größte Aufmerksamkeit. Wenn man eine ganze Schule wie sie haben könnte, wäre das Unterrichten eine Freude; aber sie ist eine von fünfzig ."

Wenn wir gut zuhören, gewinnen wir noch viel mehr als den guten Willen anderer, auch wenn wir uns manchmal bis zu einem gewissen Grad langweilen müssen, ohne den Redner zu unterbrechen oder auf andere Weise zu antworten als mit „Nicken und Winken und einem Kranzlächeln ". "

„Öffne deinen Mund und schließe deine Augen und sieh, was der Himmel dir senden wird", heißt es in der alten Maxime; Aber „Halt den Mund und öffne die Augen" wurde unter bestimmten Umständen als viel vernünftigerer Ratschlag vorgeschlagen.

„Aber", sagen Sie, „man sagt uns, dass Samuel Johnson, Tennyson und Macaulay und viele andere große Denker in der Regel das Gespräch dominierten, wenn sie in Gesellschaft waren, und ihre Freunde erfreut waren, ihnen zuzuhören. Sicherlich schenkten sie ihnen nur wenig Beachtung." zum ‚Kompliment der Aufmerksamkeit'." Sehr wahr, aber zweifellos wären sie manchmal angenehmer für das Unternehmen gewesen, wenn sie mehr Rücksicht auf die Wünsche anderer Menschen genommen hätten. Große Männer sind trotz ihrer Schwächen groß, nicht wegen ihnen. Unangenehme

Neigungen können wir einem Genie leichter verzeihen als einem Durchschnittssterblichen, und da wir fast alle Durchschnittssterbliche sind und keine Spur von Genialität haben, können wir es uns nicht leisten, auf irgendeine dieser Eigenschaften zu verzichten, die uns ausmachen anderen gefallen. Wir sollten uns daran erinnern, dass es nur einen Macaulay gab – einen Mann, der über fast alle Themen brillant sprechen konnte – und trotz seiner Brillanz gaben seine Freunde zu, dass er oft etwas langweilig war.

Eine sehr nützliche Lektion kann aus einer kleinen Geschichte gelernt werden, die vor einigen Jahren in *The Youth's Companion erschien* :

George Paul, ein junger Bauingenieur, lernte bei der Vermessung einer Eisenbahnstrecke in den Hügeln von Pennsylvania ein einfaches, liebenswertes kleines Landmädchen kennen und heiratete sie. Nach ein paar Wochen brachte er sie zu seiner Familie nach New York und ließ sie dort zurück, während er ins Lager zurückkehrte.

Marian hatte viele Pläne geschmiedet, um die Zuneigung ihrer neuen Verwandten zu gewinnen. Sie hatte fleißig an ihrer Musik geübt; Sie war sicher, dass sie sich freuen würden, ihre Geschichten über ihre schöne Schwester und ihren Bruder zu hören; Sie stellte sich vor, wie sie ihr neues blaues Seidenkleid und die Winterhaube bewunderten. Aber die Pauls waren insgesamt gleichgültig gegenüber ihrer Musik, ihrer Familie und ihren Kleidern. Sie hießen „Georges Frau" freundlich willkommen, und dann ging jeder seines Weges und schenkte ihr keine Beachtung mehr.

Nach dem ersten Schock der Enttäuschung nahm Marian ihren Mut zusammen.

„Wenn ich ihnen nichts zu geben habe, haben sie mir viel zu geben", dachte sie fröhlich. Sie hörte gespannt zu, als Isabel sang, und ihr Lächeln und ihre Tränen zeigten, wie sehr sie die Musik schätzte. Mit unermüdlichem Interesse begutachtete sie jeden Tag Louisas Bilder, besprach jeden Effekt und freute sich, wenn sie beim Mischen der Farben oder beim Vorbereiten der Leinwand helfen konnte. Sie befragte Oma zu ihrer Neuralgie, empfahl neue Heilmittel oder lauschte Tag für Tag unermüdlich den Berichten über alte . Als Onkel John, gerade aus Japan zurückgekehrt, begann, seine Abenteuer zu schildern, war Marian der einzige Zuhörer, der nie müde wurde und ihn nie unterbrach.

Nach einem zweistündigen Vortrag, in dem sie die Rolle einer stummen, strahlenden Zuhörerin gespielt hatte, erklärte Onkel John, dass Georges Frau die intelligenteste Frau sei, die er je getroffen habe.

Als George nach Hause kam, lobte sie die ganze Familie laut. Sie war eine gute Musikerin; sie hatte einen untrüglichen Kunstgeschmack; Sie war charmant, witzig und liebenswert. Aber George erkannte bald, dass sie sie unbewusst gewonnen hatte – nicht dadurch, dass sie ihre eigenen Verdienste zur Schau stellte, sondern indem sie ihre schätzte.

Dies ist tatsächlich eine wahre Geschichte, aber die Wahrheit ihrer Bedeutung wird immer dann wiederholt, wenn eine Frau gefunden wird, die über die Eigenschaft verfügt, die man Charme nennt. Sie mag schlicht oder sogar deformiert sein, aber sie wird Freundschaft und Liebe gewinnen.

Viele attraktive Mädchen würden sich bei ihrem Eintritt in die Welt der Gesellschaft viel Angst und vergebliche Mühe ersparen, wenn sie begreifen würden, dass die sogenannte Gesellschaft aus Individuen besteht, von denen die meisten die Schönheit, den Witz usw. nicht finden wollen Talent anderer, sondern um die herzliche Anerkennung des eigenen Talents durch andere hervorzurufen.

DIE STIMME.

„Zärtliche Töne verhindern, dass strenge Wahrheiten beleidigend wirken."

„Es gibt Töne, die alltägliche Wörter hervorheben und ihnen Licht und tiefe Bedeutung verleihen, so wie ein feines Gefühl ein heimeliges Gesicht idealisiert und hervorhebt."

„Es gibt keine Kraft der Liebe, die so wirksam ist wie eine freundliche Stimme. Eine freundliche Hand ist taub und stumm. Sie mag in Fleisch und Blut rau sein, aber dennoch die Arbeit eines weichen Herzens tun, und zwar mit einer sanften Berührung. Aber da Es gibt nichts, was die Liebe so sehr braucht wie eine süße Stimme, die sagt, was sie bedeutet und fühlt."

Bei unserem Bemühen, zufrieden zu stellen, hängt zwar vieles davon ab, was wir sagen, aber genauso viel hängt auch davon ab, wie wir es sagen. Der Einfluss einer angenehmen Stimme ist wunderbar; Wer hat seinen Charme nicht gespürt?

Es wurde gesagt, dass der größte Fehler der amerikanischen Frau ihre Stimme ist, und obwohl dies nicht unbedingt der Wahrheit entspricht, hört man in Gesprächen im In- und Ausland viele Stimmen, die unangenehmer als nötig sind – rauer , rauer.

Die Stimme einer Frau kann auf gute Erziehung schließen lassen oder umgekehrt, und wenn man die Kraft weiblicher Reize einschätzt, sollte eine angenehme Stimme ganz oben auf der Liste stehen. Ist es dann nicht seltsam, dass so wenig Anstrengungen unternommen werden, um Mängel im stimmlichen Ausdruck zu beheben?

Wir kultivieren die Stimme zum Singen und für sprachliche Effekte, aber für den durchschnittlichen Jungen oder das durchschnittliche Mädchen wird wenig getan, um die Stimme für alltägliche Effekte zu trainieren. Nur wenige können gut genug singen, um anderen Freude zu bereiten, aber wir alle reden jeden Tag unseres Lebens, und oft sagt die Qualität unserer Stimme mehr aus als die Worte, die wir äußern. Ein mitfühlender Tonfall wird uns oft einen Freund verschaffen, auch wenn das, was wir sagen, möglicherweise von geringer Bedeutung ist. Die Reinheit des Akzents spielt eine große Rolle in der Kunst des Bezauberns, und es wurde mit Recht gesagt: „Eine Frau mag hässlich, alt, ohne Unterscheidung oder Belehrung sein, aber wenn sie eine sanfte, einschmeichelnde, sanfte Stimme hat, wird sie es tun." genauso viel Charme wie ihre schönere Schwester.

Ein Telefonist in einem Ort in der Nähe von New York erhielt an einem bestimmten Weihnachten Schecks über fünf, zehn und hundert Dollar, eine Diamantnadel, ein Kleidermuster und acht Schachteln mit Süßigkeiten; obwohl sie den Spendern nur durch ihre sanfte Stimme, den respektvollen

Tonfall, ihre Entgegenkommensbereitschaft und ihre Büronummer als eine der Telefonistinnen bekannt war.

Warum betrachten wir Stimmbildung und mündlichen Ausdruck als etwas, das ausschließlich den Spezialisten vorbehalten ist? Wir glauben, dass eine solche Schulung von Rednern und Lesern sowie von allen benötigt wird, die die Stimme professionell nutzen möchten, aber wir schätzen ihren Wert für den durchschnittlichen Mann oder die durchschnittliche Frau nicht ein.

„Was sollen wir denken", sagt *Expression* , „von einer Frau, die sich in den prächtigsten Kleidern kleidet, die bei jedem Punkt der Kleidung äußerst vorsichtig ist, aber mit einem nasalen Ton und einem kehligen Tonfall spricht und sich keine Mühe gibt, das zu korrigieren." Schuld? Wir wissen, dass dies häufig der Fall ist. Warum wird die Inkonsistenz nicht korrigiert? Warum wird nicht versucht, die Stimme zu verbessern und sie schön und gewinnend zu machen? Was für eine Sensibilität zeigen die Menschen, wenn sie mit einem Fleck im Gesicht ins Ausland gehen; aber , leider gibt es wenig Sensibilität gegenüber einem Fleck auf der Stimme.

Die Wahrheit ist, dass Stimmkultur nicht auf wenige beschränkt sein sollte, sondern zu einem vorgeschriebenen Zweig der Bildung von Jungen und Mädchen im Allgemeinen werden sollte. Nicht nur die Stimmen der Frauen sind allzu oft unmelodisch, auch die der Männer brauchen Aufmerksamkeit. Eine schöne Stimme kann für einen Mann von unschätzbarem Wert sein. Den meisten gefeierten Rednern kommt der Besitz einer guten Stimme sowie das nötige Wissen zugute, um sie effektiv einsetzen zu können. Herr Lecky sagt, dass O'Connells Stimme, die sich mit melodisch moduliertem Anschwellen erhob, die größten Säle erfüllte und über den wildesten Tumult triumphierte, während sie gleichzeitig jede Schattierung von Gefühlen mit der zartesten Flexibilität vermittelte.

Die Stimme von Herrn Gladstone soll die musikalische Qualität und den Klang einer silbernen Trompete gehabt haben; während William Pitt, der im Alter von einundzwanzig Jahren Herrscher im Parlament war, eine Stimme von meisterhafter Kraft und doch wunderbarer Sanftheit besaß.

Websters Stimme war anlässlich seiner Antwort an Senator Dickinson so gebieterisch, so eindringlich, dass einer seiner Zuhörer sagte, er habe die ganze Nacht über das Gefühl gehabt, als ob eine schwere Kanonade in seinen Ohren widerhallte.

Garrick pflegte zu sagen, dass er hundert Guineen geben würde, wenn er „Oh" sagen könnte, wie Whitefield es sagen würde.

„Aber", erklären Sie, „die Natur hat uns keine Stimmen gegeben wie die Stimmen dieser berühmten Männer, und wir müssen mit dem zufrieden sein, was wir haben."

Auch wenn uns die Natur ihre wohlklingenden Stimmen vielleicht nicht geschenkt hat, können wir viel tun, um unsere eigenen zu verbessern. Eine Untersuchung der Biographie wird uns zeigen, dass viele der erfolgreichsten Redner, ob Schauspieler oder Redner, Männer und Frauen waren, die über einen angeborenen Sprach- oder Figurfehler verfügten, den sie durch geduldige, beharrliche Anwendung entschlossen in den Griff bekamen. Wir alle kennen Demosthenes' Sprachbehinderung und sind mit der Geschichte seines monatelangen Kampfes und seines endgültigen Erfolgs vertraut.

Als Savonarola zum ersten Mal in der Kathedrale von Florenz sprach, galt er aufgrund seiner erbärmlichen Stimme und seines unbeholfenen Auftretens als gescheitert. Phillips Brooks, einer der größten Prediger, die Amerika hervorgebracht hat, wurde von seinem College-Präsidenten mitgeteilt, dass der Predigtdienst für ihn aufgrund seiner Nervosität und der Mängel in seiner Rede nicht in Frage käme.

Es wäre einfach, Beispiele zu vervielfachen, um zu zeigen, dass der ungeschickteste Körper und die raueste Stimme unter Kontrolle gebracht werden können. In der Tat, wo die Stimme unvollkommen ist und der Mann sich entschlossen anstrengen muss, sie zu beherrschen, erlangt er auf diese Weise geistige Stärke und emotionale Stärke und eine Flexibilität der Stimme und des Geistes sowie die Beherrschung der Stimme Körper, die seine Lieferung in höchstem Maße wirksam machen.

Auch hier reicht es nicht aus, dass wir von Natur aus eine melodische Stimme haben; Wir müssen wissen, wie man es benutzt, oder lernen, es zu nutzen. Der Ton muss gefühlvoll und ausdrucksstark sein. Wenn wir Herzlichkeit ausdrücken wollen, sind Worte zwecklos, es sei denn, die Stimme bringt das Gefühl zum Ausdruck, das wir ausdrücken möchten. Wir müssen lernen, die Stimme so zu modulieren, dass sie zu einem echten Reflex des Geistes und der Stimmung wird. Solange sie nicht von Aufrichtigkeit zeugen, überzeugen Entschuldigungen nicht von einem zerknirschten Geist. Solange es kein Vertrauen vermittelt, sind Proteste vergeblich; Doch schon der Tonfall der eigenen Stimme kann die Bitterkeit lindern, auch wenn man über die Worte einer Entschuldigung stolpern kann. Wenn jemand erkennt, dass seine Stimme farblos und gefühllos ist, obwohl sein Herz warm ist, soll er sich sofort daran machen, den Fehler zu beheben.

Hören Sie beim Sprechen auf Ihre eigene Stimme, achten Sie auf die harten, schrillen Töne und den unvollkommenen Tonfall und korrigieren Sie diese. Viele Mädchen sprechen nervös, ruckartig und schnell, beginnen einen Satz und wiederholen einen Teil davon zwei- oder dreimal, bevor sie ihn beenden. Manche sprechen in hohen, schrillen Tönen, die nicht nur unangenehm, sondern geradezu irritierend sind, weil sie nicht übereinstimmen. Manche sprechen zu schnell, während andere, die in das entgegengesetzte Extrem verfallen, einfach nur gedehnt sprechen. Dies sind Mängel, die korrigiert werden können, und indem wir sie korrigieren, steigern wir messbar unsere Fähigkeit, zu bezaubern.

Wenn Sie die Unvollkommenheiten Ihrer Tonproduktion oder die Fehler in Ihrer Sprechweise nicht verstehen oder wenn Sie Schwierigkeiten haben, sie zu korrigieren, wenden Sie sich an jemanden, der es weiß und der genauso empfindlich auf die Sprechstimme reagiert wie auf sie die Singstimme. Es kostet Sie vielleicht etwas, dies zu tun, aber es wird mit Bedacht ausgegebenes Geld sein. Sie nehmen Musikunterricht, sowohl Gesangs- als auch Instrumentalunterricht, und Sie betrachten das dafür ausgegebene Geld nicht als verschwendet, auch wenn Sie nicht die Absicht haben, in der Oper auf die Bühne zu gehen oder professioneller Pianist zu werden. Du studierst Musik als eine Leistung. Warum sollten Sie dann nicht etwas Zeit und gegebenenfalls auch etwas Geld investieren, um Ihre Sprechstimme zu vervollkommnen, wenn Sie dadurch anderen gegenüber sympathischer werden können? Sie werden vielleicht nicht sehr oft aufgefordert, für andere Menschen zu singen oder zu spielen, aber Sie werden jeden Tag und viele Male am Tag sprechen, und die Stimme ist „das Mittel zum Ausdruck der Seele".

„Die Kunst des Singens", heißt es *im Boston Herald* , „beinhaltet seltsamerweise nicht die Kunst des Sprechens, denn einige sehr gute Sänger haben im Gespräch eine raue und unmusikalische Stimme. Aber bei all der Ausbildung, die der heranwachsenden Generation jetzt gegeben wird, Stimmbildung sollte in Betracht gezogen werden. Nehmen Sie der Sprache Ihrer Söhne und Töchter die raue und harte Sprache und geben Sie ihnen eine weitere Anmut, mit der sie die Gesellschaft erobern können.

Die Bedeutung dessen, was wir sagen und wie wir es sagen, wurde noch nie klarer und deutlicher zum Ausdruck gebracht als in diesem Zitat eines amerikanischen Schriftstellers: „Ein Mann mag wie ein Affe aussehen und sich dennoch als Philosoph entpuppen; ein Mann mag sich kleiden." wie ein Vagabund, und dennoch die Intuition eines Gelehrten und eines Gentlemans haben. Das Gesicht, der Ausdruck der Augen, die Kleidung, ja sogar die Art und Weise mögen alle trügerisch sein, aber die Stimme und Rede von Männern und Frauen klassifizieren sie unfehlbar. "

GUTE MANIEREN.

Das Leben ist nicht so kurz, aber für Höflichkeit bleibt immer Zeit.

EMERSON.

„Höflichkeit ist echte, freundlich zum Ausdruck gebrachte Freundlichkeit. Das ist die Summe und Substanz aller wahren Höflichkeit. Wenn Sie sie in die Praxis umsetzen, werden alle von Ihrem Auftreten entzückt sein.“

Junge Männer wären im Allgemeinen zweifellos völlig erstaunt, wenn sie auf einen Blick begreifen könnten, wie sehr ihr persönliches Glück, ihre Popularität, ihr Wohlstand und ihre Nützlichkeit von ihren Manieren abhängen.

JG HOLLAND.

Der Wert einer angenehmen Art, andere anzuziehen, lässt sich nicht abschätzen. Es ist wie Sonnenschein. Wir spüren es sofort und fühlen uns zu der Person hingezogen, die es besitzt.

„Gib einem Jungen Ansehen und Erfolge“, sagte Emerson, „und du gibst ihm die Herrschaft über Paläste und Vermögen, wohin er auch geht; er hat nicht die Mühe, sie zu verdienen oder zu besitzen: Sie fordern ihn auf, einzutreten und sie zu besitzen.“

Zu diesem Thema ist viel geschrieben worden. Tatsächlich wurde so viel gesagt und so gut gesagt, dass in diesem Kapitel kaum versucht wird, etwas anderes zu tun, als einige der besten Gedanken der besten Autoren zusammenzutragen.

Die Männer und Frauen, die Großes auf der Welt erreicht haben, haben in der Regel den Wert der Höflichkeit verstanden und entsprechend diesem Wissen gehandelt. Sie können sich vielleicht an einige wenige Ausnahmen erinnern, aber diese waren trotz ihres Mangels an Höflichkeit großartige Persönlichkeiten, und sie wären sogar noch größer gewesen, wenn sie die Kunst des sanften Benehmens geübt hätten.

Der Herzog von Marlborough, dessen allgemeine Bildung in mancher Hinsicht leider vernachlässigt wurde, besaß ein so unwiderstehliches Charmegefühl, dass er die Geschicke der Nationen beeinflusste. Mirabeau, der persönlich unattraktiv war, gewann durch seine Höflichkeit das Wohlwollen aller, mit denen er in Kontakt kam. Es gab keine Zeit in der Weltgeschichte, in der gute Manieren wichtiger waren als heute. Tatsächlich hängt der Erfolg eines Menschen heute mehr denn je von seiner Persönlichkeit ab. Gutes Benehmen bringt einem oft viele Dinge, die Reichtum nicht beschaffen kann, und „Höflichkeit hat mehr Siege errungen als Pulver.“

„Niemand", sagt ein amerikanischer Schriftsteller, „der die Anmut und Schönheit der Natur oder der Kunst zu schätzen weiß, kann den Charme feiner Manieren eines Menschen nicht erkennen. Wir freuen uns über sie wie über einen wunderschönen Sonnenuntergang." oder ein schönes Stück Architektur oder ein faszinierendes Gedicht, um ihrer selbst willen und wegen dem, was sie ausdrücken; aber darüber hinaus haben sie eine weitere Anziehungskraft in der magnetischen Kraft, die sie auf alle Betrachter ausüben, indem sie sie beruhigen, die Schüchternheit hinwegfegen, Unbeholfenheit und Zurückhaltung und indem sie sie dazu anregen, das zum Ausdruck zu bringen, was es wert ist, in ihnen am meisten geschätzt zu werden.

Es ist zweifellos wahr, dass das Vorhandensein guter Manieren, sei es zu Hause oder im geselligen Kreis, in der Werkstatt oder im Zählraum, beim Besuch von Wohltätigkeitsorganisationen oder in den Gerichtssälen, eine unmittelbare Wirkung auf die Reproduktion hat. darin, Glück zu verbreiten, die Fähigkeiten zu entwickeln und das Beste hervorzurufen, das in jedem steckt.

Sicherlich gibt es keine Eigenschaft, die ein Mädchen oder eine Frau besitzen kann und die sie bei der guten Meinung anderer günstiger erscheinen lässt als die gleichmäßige Höflichkeit und gute Manieren.

William Wirts Brief an seine Tochter über die „kleinen, süßen Höflichkeiten des Lebens" enthält eine Passage, aus der man viel über Glück lernen kann. „Ich möchte dir ein Geheimnis verraten. Der Weg, dich für andere angenehm zu machen, besteht darin, ihnen Aufmerksamkeit zu zeigen. Die ganze Welt ist wie der Müller in Mansfield, der sich um niemanden kümmerte – nein, nicht um ihn, weil sich niemand um ihn kümmerte. Und der Die ganze Welt würde dir so dienen, wenn du ihnen die gleiche Sache geben würdest. Möge daher jeder sehen, dass du dich um sie kümmerst, indem du ihnen die kleinen Höflichkeiten erzeigst, in denen es keine Parade gibt, deren Stimme immer noch erfreuen soll und die sich manifestieren sich selbst durch zärtliche und liebevolle Blicke und kleine Aufmerksamkeiten und geben anderen den Vorzug bei jeder kleinen Freude am Tisch, sci cs bcim Gehen, Sitzen oder Stehen.

Junge Männer, die ihren Weg in die Welt finden wollen, können es sich nicht leisten zu vergessen, dass es auf der ganzen Welt keinen Talisman von so mächtiger Magie gibt wie den unwiderstehlichen Zauber einer bezaubernden Art. Während es in manchen Fällen angeboren zu sein scheint, kann es in großem Maße erworben werden. Doch ein aufmerksamer Beobachter der jungen Männer der heutigen Generation kann nicht übersehen, dass zumindest einige dazu neigen, die kleinen Höflichkeiten des Lebens zu missachten – die immateriellen, aber doch sehr wahrnehmbaren kleinen

Dinge, die den Mann zu einem Gentleman machen. Manche Leute behaupten sogar, dass äußeres Benehmen zweitrangig sei, wenn der Kopf gut mit Wissen ausgestattet sei, und dass, wenn ein junger Mann die Fähigkeit habe, in der Welt voranzukommen, es von sehr geringer Bedeutung sei, wenn er nicht über Manieren verfüge eines Chesterfield. Dass diese Idee vorherrscht, ist auf die große Zahl gut ausgebildeter Männer zurückzuführen – Männer mit Fähigkeiten und Macht –, denen es trotz ihrer Klugheit und Intelligenz schmerzlich an guter Erziehung mangelt. Ohne absichtliche Fehler sind sie unbeholfen, anmaßend und sogar vulgär.

„In den meisten Ländern", heißt es in der *Toronto Week* , „sind die Begriffe „gebildeter Mann" und „Gentleman" fast synonym. Auf dieser Seite des Atlantiks beziehen sie sich keineswegs immer auf denselben Mann. Bildungsvorteile sind für alle Gesellschaftsschichten erreichbar." Menschen – sogar Personen, die den Vorteil einer Heimerziehung für ihre Manieren verpasst haben oder die keine kultivierten Personen zu ihren Bekannten zählten. Solche Personen erreichen durch angeborene Fähigkeiten und harte Arbeit oft hohe Ehren- und Vertrauenspositionen in den verschiedenen Berufen und sich den Titel „Selbstgemacht" sichern.

„Aber weil ein Mann durch seinen Verstand, seine Energie und seinen Mut sein eigenes Vermögen erwirtschaftet und sich selbst eine herausragende Stellung einräumt, ist es nicht sehr wünschenswert, dass er auch die Höflichkeiten des Lebens kultiviert, damit das Talent nicht durch Rauheit und Rauheit verdeckt wird unkultiviertes Lager."

Wir treffen häufig College-Studenten – insbesondere von kleineren Colleges – gute, ehrliche, ernsthafte und ehrgeizige Leute, die hart daran arbeiten, ihren Weg in der Welt zu finden. Sie sind arm und kommen aus Familien, in denen die schwierige Realität, ihren Lebensunterhalt zu verdienen, offenbar keine Zeit für Kultur lässt; wo die Tischmanieren nur wenig besser sind als die im Holzfällerlager und wo die Vorzüge raffinierter Sprache und Manieren noch nie Fuß gefasst haben. Sie erreichen vielleicht nie einen so hohen Rang in ihren Hochschulstudien, mögen die Vorbereitungsarbeit für einen Beruf noch nie so fleißig verfolgen, und doch werden sie immer durch ihre Unkenntnis jener Ausschmückungen behindert sein, die für den gesellschaftlichen und sogar geschäftlichen Erfolg so notwendig sind. Sie werden ständig benachteiligt und ihre mangelnde soziale Bildung ist für vermeidbare Misserfolge verantwortlich.

Da ein Mann ein erfolgreicher Anwalt ist, hat er kein Recht zu sagen, dass er sein eigener Schneider sein kann oder dass schlecht sitzende Kleidung, wenn sie ihm gehört und von ihm selbst gemacht ist, genauso geeignet ist wie solche mit gutem Schnitt. So ist es auch mit dem intellektuellen Riesen, der auf seine Manieren keine Rücksicht nimmt. Er kann viel von weniger talentierten Personen lernen, die ihm dennoch in vielerlei Hinsicht überlegen sind. So wünschenswert es für einen jungen Mann auch sein mag, die Extravaganz des Ästheten zu meiden und die Täuschungen der Gesellschaft zu verachten, so kann er es sich doch nicht leisten, die Höflichkeiten des Lebens zu vernachlässigen; und gut geht es dem, der, während er seine Energie der Mathematik und den Klassikern widmet, auf die Verbesserung seiner Manieren achtet. Manieren werden erst in jungen Jahren gebildet; Selbst die größten Anstrengungen werden die unangenehmen Gewohnheiten, die sich in der Jugend gebildet haben, im späteren Leben nicht vollständig beseitigen.

Der ehrgeizige junge Mann, dem Dame Fortune bereits ein Lächeln zuwirft, sollte innehalten und über diese Angelegenheit nachdenken. Irgendwann wird er vielleicht reich sein; Irgendwann strebt er vielleicht eine hohe Position in der Gesellschaft oder im öffentlichen Leben an, und er sollte frühzeitig damit beginnen, sich auf die stolze Position vorzubereiten, die er einnehmen möchte.

Die äußere Erscheinung eines Mannes hat keinen geringen Einfluss auf seinen geschäftlichen Erfolg. Die höfliche Aufmerksamkeit und die Bereitschaft von AT Stewart, allen vernünftigen und oft unvernünftigen Anforderungen seiner Kunden nachzukommen, als er sein schmales Wäschegeschäft am Broadway eröffnete, waren ein fast ebenso wichtiger Faktor für seinen schnellen Erfolg bei der Gewinnung von Geschäften wie seine bemerkenswerte Schnelligkeit, Veränderungen auf dem Markt zu erkennen und seine Waren an den Geschmack und die Bedürfnisse seiner Kunden anzupassen. Diese ausgeprägte Selbstbeherrschung und Höflichkeit behielt er bis zuletzt bei.

Es ist seltsam, dass nicht jeder Geschäftsmann den kommerziellen Wert von Höflichkeit zu schätzen weiß. Der Autor kennt einen Angestellten, der in einer Drogerie in einer der größten Städte von Maine beschäftigt ist. So höflich ist er in seinen Aufmerksamkeiten den Kunden gegenüber, so hilfsbereit, so angenehm in seiner Art, mit jener Zurückhaltung und Ruhe, die den Gentleman auszeichnen und jede Spur von Überschwänglichkeit vernichten, dass er sich für seinen Arbeitgeber von unschätzbarem Wert gemacht hat. Es wird berichtet, dass seine Freunde ihn mehr als einmal gedrängt haben, ein eigenes Unternehmen zu gründen, aber sein Arbeitgeber, der erkannte, wie wertvoll es für ihn ist, Kunden zu gewinnen und zu halten, hat ihn durch eine großzügige Gehaltserhöhung von dieser Idee abgebracht. Tausende von Angestellten und Tausende von Berufs- und Geschäftsleuten könnten ihre Ertragskraft durch eine stärkere Beachtung der anerkannten Regeln der Höflichkeit erheblich steigern.

Manche Menschen entschuldigen ein rauhes Benehmen damit, dass sie Affektionen aller Art verabscheuen, dass sie die Wahrheit lieben und dass sie völlig offenherzig und unverblümt sind. Solche Menschen sind stolz auf ihre Natürlichkeit, und auf der Grundlage ihrer Offenheit werden sie durch unhöfliche Sprache verletzt, werden Sie beleidigen und ihre Unbeholfenheit und ihr schlechtes Benehmen mit dem Vorwand „natürlicher Manieren" verteidigen. Natürlichkeit ist nicht immer lobenswert. Wenn die Natur uns nicht mit den Eigenschaften ausgestattet hat, die anderen gefallen, sollten wir versuchen, die Natur zu verbessern. Die klarsten Wahrheiten können in der Zivilsprache vermittelt werden, und es ist besser, „eine Tugend anzunehmen, wenn man sie nicht hat". Ein Einspruch gegen die Höflichkeit mit der Begründung einzulegen, dass ihre Sprache manchmal bedeutungslos sei und nur auf Wirkung ausgerichtet sei, ist genauso töricht wie ein Einspruch gegen die Dekoration unserer Salons oder das Tragen guter Kleidung.

In den gewöhnlichen Komplimenten einer guten Gesellschaft liegt keine Täuschungsabsicht. Höfliche Sprache ist angenehm für das Ohr und beruhigend für das Herz, während grobe Worte das Gegenteil sind, und auch wenn sie nicht immer das Ergebnis schlechter Laune sind, können sie diese doch sehr wahrscheinlich verursachen.

Das Motiv für Höflichkeit sollte nicht der Wunsch sein, zu glänzen oder sich in eine Gesellschaft zu erheben, die angeblich besser ist als die eigene. Die Pflege guter Manieren ist nicht nur ein Mittel zur Befriedigung persönlicher Eitelkeit, sondern eine Pflicht, die wir nicht nur anderen Menschen, sondern auch uns selbst schuldig sind. eine Pflicht, uns in jeder Hinsicht besser zu machen, als wir sind. Tatsächlich ist der wahre Geist des guten Benehmens so eng mit dem der guten Moral verbunden, dass sie fast untrennbar miteinander verbunden zu sein scheinen.

„Haben Sie jemals darüber nachgedacht, wie unsichtbar die Verteidigungsrüstung ist, die vollkommene Höflichkeit bietet?" fragt *Harper's Bazar*. „Kein Mann, keine Frau und auch kein Kind kann dem widerstehen. Das aufbrausende irische Dienstmädchen, das so leicht die Kontrolle über die Zunge verliert und mit einer hitzigen Erwiderung „antwortet", ist beschämt, als ihre Herrin ihr mit ruhiger Höflichkeit begegnet. Die wütende Person, weg zu sagen, was er eigentlich nicht meint, wird durch die Selbstbeherrschung seines Gesprächspartners vereitelt, der die liebenswürdige Art guter Erziehung keinen Augenblick vergessen hat.

Höflichkeit ist bei einigen vielleicht instinktiv, aber bei den meisten ist sie eine Frage der Übung, der langsamen und sorgfältigen Disziplin von Stimme, Auge und Haltung. Durch diese Schulung werden alle Aspekte der persönlichen Eitelkeit und des Selbstbewusstseins abgerieben, die Person wird mit Anmut, Leichtigkeit, Einfachheit und Sanftmut geschmückt, und was dem ungeübten Beobachter als Vollkommenheit der Natürlichkeit erscheinen mag, kann einfach die Vollkommenheit der Kultur sein .

Sehr sensible Menschen, die akut unter eingebildeten Kränkungen leiden, können sich viele Wunden ersparen, wenn sie im Geben immer genauso gewissenhaft sind wie in der anspruchsvollen Höflichkeit. Zuzulassen, dass jemand eine Unhöflichkeit begeht, bedeutet, sich dieser Unhöflichkeit auszusetzen. In nichts sollten wir weniger sparsam sein als in der Höflichkeit. Es sollte dazu führen, dass wir jede Freundlichkeit sofort und großzügig anerkennen und dankbar sind, wenn ein Geschenk, wie klein es auch sein mag, an unsere Tür gebracht wird. Es sollte uns dazu verpflichten, auch der Person, deren Gespräch nicht unterhaltsam ist, mit geduldiger Aufmerksamkeit zuzuhören und scheinbar vertieft dasitzen, wenn wir in der Öffentlichkeit bei einem Konzert oder einer Vorlesung anwesend sind. Diese Verteidigungsrüstung, so glatt, so poliert und so leicht zu tragen, wird unseren Umgang mit der Gesellschaft angenehm machen.

Tatsache ist, dass wir, wenn wir irgendwo und in jedem Beruf mit Menschen in Kontakt kommen, mit hoher Wahrscheinlichkeit genau das zurückbekommen, was wir geben.

Ein Mann, der immer der Gentleman ist, stößt selbst bei den ungeschliffensten und unhöflichsten Menschen selten auf Ablehnung. Der Arbeitgeber, der gegenüber seinen Arbeitern freundliche Worte verwendet, erhält im Gegenzug normalerweise auch freundliche Worte.

KLEID.

Da der Autor dieses Bandes ein Mann ist, ist dieses Kapitel über Kleidung natürlich aus der Sicht eines Mannes geschrieben. Er weiß sehr gut, dass er verloren wäre, wenn er versuchen würde, wissenschaftlich über die Kleidung von Frauen zu schreiben. Niemand außer einer Frau kann das tun. Der Mann, der es versucht, wird sich bald in einem Labyrinth von Fachbegriffen und Ausdrücken verwirren, die absolut notwendig erscheinen, um genau zu beschreiben, was gemeint ist. Möglicherweise gelingt es der Autorin jedoch, das Thema umfassend und gedanklich zu erfassen, abgesehen von der hübschen Finesse, mit der weibliche Schriftsteller das Thema behandeln würden. Kleidung ist die Waffe der Frau, eine der Ressourcen der Zivilisation, mit der die Frau zur Eroberung der männlichen Welt marschiert, und der Autor möchte aus der Sicht des Mannes abschätzen, wie viel die Seide, die Spitze, die Bänder und der Samt wert sind tun müssen, um das männliche Herz zu beeinflussen.

Was man trägt, wird als Zeichen des eigenen Charakters akzeptiert. Ob dies so ist, wie es sein sollte oder nicht, es ist doch wahr; und wir alle haben mehr oder weniger das Gefühl, dass Grobheit oder Feinheit in der Kleidung wie auf keine andere Weise sichtbar zum Ausdruck kommt. „Sicher", heißt es *im Boston Journal* , „nichts intensiviert die Persönlichkeit so sehr wie die Kleidung, die man trägt; durch Assoziation werden sie zu einem Teil von uns, helfen uns zu identifizieren, auch auf eine seltsame, reaktionäre Weise, und dienen dazu, unsere Geisteszustände zu kontrollieren." "

Viele Frauen werden Ihnen sagen, dass ihr bestes Mittel gegen Müdigkeit und Niedergeschlagenheit darin besteht, eines ihrer schönsten Kleider anzuziehen. Viele Männer werden Ihnen sagen, dass eine saubere Rasur, saubere Wäsche und ein frischer Anzug eine äußerst belebende und beruhigende Wirkung auf den psychischen und physischen Menschen haben.

Die oft geäußerte Aussage, dass Frauen sich nur gut kleiden, um den Männern zu gefallen, ist nur ein Bruchteil der Wahrheit.

Sie kleiden sich, um den Männern zu gefallen; einander gefallen und sich selbst gefallen. Welches dieser drei Motive das stärkste ist, hängt vom Einzelnen ab, denn „Während es Männer und Männer gibt, gibt es Frauen und Frauen und Frauen", und es ist absurd, irgendeinen Versuch zu unternehmen, Motive zu analysieren oder Prinzipien zu formulieren, die dies bewirken gelten für alle Frauen.

Die Männer, die sich gut kleiden, tun es für die Frauen und für sich selbst. Die Wirkung, die ihre Kleidung auf andere ihres Geschlechts hat, bereitet Männern kaum Sorgen. Wenn alle Frauen aus der Welt genommen würden, würden die Schneider sofort die Hälfte ihres Geschäfts verlieren, denn die Männer würden sofort beginnen, ihre alten Kleider abzunutzen.

In der Regel legen nur wenige Männer um ihrer selbst willen großen Wert auf schöne Kleidung, aber die Liebe zur Kleidung ist bei Frauen angeboren, und wer Gleichgültigkeit gegenüber seinem persönlichen Aussehen an den Tag legt, überführt sich entweder der Trägheit, der Selbstgerechtigkeit oder der Pedanterie. Eine Frau, die keinen natürlichen Geschmack in Sachen Kleidung hat, die keine Freude an Farbkombinationen hat, die schöne Kleidung nicht um ihrer selbst willen mag, ist eine Anomalie.

Männer bemerken keine Details des Kleides einer Frau. Nur wenige wissen genug über das Thema, um Käsetuch von *Point d'Esprit zu unterscheiden* . Die detaillierte Beschreibung eines neuen Kleides in einer Modezeitschrift ist für den Durchschnittsmenschen ungefähr so verständlich wie die Inschriften auf einer assyrischen Tafel.

Sie akzeptieren die Frau als Ganzes und betrachten sie und das, was sie anhat, als eine harmonische, homogene, nicht analysierbare Vollständigkeit. Wenn Sie daran zweifeln, bitten Sie einen Mann, Ihnen zu sagen, wie eine bestimmte Dame bei einem Empfang, an dem er am Abend zuvor teilgenommen hat, gekleidet war. Vielleicht ist sie ihm dort besonders aufgefallen und hat Ihnen damals gesagt, dass sie angemessen gekleidet sei. Er kann Ihnen vielleicht sagen, dass sie eine rosa Taille trug oder dass die vorherrschende Farbe ihres Kostüms Blau war, aber damit endet sein Wissen über das Thema.

Es stimmt zwar, dass Männer sich kaum Gedanken über die Details der Kleidung einer Frau machen, es sei denn, sie ist auffällig schlecht, aber sehr viele von ihnen wissen, ob sie angemessen gekleidet ist oder nicht. Auch wenn sie vielleicht keine klare Vorstellung davon haben, ob das Material eines Kleides fünf Cent oder fünf Dollar pro Meter kostet oder ob das Kleid selbst voll im Trend liegt, wissen sie doch, ob der Besitzer es gut trägt und ob das

Material, der Stil und … Farbe wird zu ihr. Im Großen und Ganzen kann ein Mann mit gutem Geschmack vielleicht besser beurteilen als eine Frau, ob sie angemessen gekleidet ist. Denn sie betrachten das Thema aus ganz unterschiedlichen Blickwinkeln. Die stilvoll gekleidete Frau ist für die durchschnittliche Frau gut gekleidet, für den Mann jedoch nicht unbedingt. Manche Männer wundern sich immer wieder, warum Frauen nicht den Mut haben, bestimmte Kombinationen und bestimmte Kleidungsstile abzulehnen, die an sich unharmonisch und hässlich und daher für die Person, die sie trägt, unpassend sind.

Vor Jahren wurde angenommen, dass bestimmte Farben zu bestimmten Frauentypen passen. Es gab eine unbestrittene Tradition hinsichtlich der Farben, die die Blondine tragen sollte, und auch hinsichtlich der Farben, die zur Brünetten passten. Dies war kein Gebot der Mode; es war eine durch Erfahrung festgestellte Tatsache. In letzter Zeit werden diese Traditionen von der Mode missachtet und die stilvolle Frau trägt jede Farbe und Kombination, die ihr gefällt, allerdings oft auf Kosten ihres guten Aussehens.

Mode kann die Gesetze von Ursache und Wirkung – die Gesetze der Harmonie – nicht ändern, und wenn die entschlossene Brünette Farben trägt, die nur Blondinen stehen, tut sie dies auf Kosten der Hälfte ihrer natürlichen Schönheit. Männer spüren das und fragen sich, was los ist.

Vor ein paar Jahren machte die Mode einen Matrosenhutstil mit einer winzigen Krone in Form einer Sanduhr weit verbreitet. Sie waren an sich hässlich und beeinträchtigten, wenn sie auf dem Kopf saßen, die Schönheit jedes Gesichts. Nichts könnte lächerlicher sein als der Anblick eines stämmigen, großen Mädchens mit breiten Hüften und markanten Gesichtszügen, das durch die Straße marschiert und auf dem Kopf eine Parodie auf den für eine junge Frau schicksten Hut aller Zeiten trägt – den Matrosen. Man erinnerte sich sofort an die Würfelschachtel, die der Neger-Minnesänger trägt, um sich so lustig wie möglich zu machen. Ein Mann beschrieb sie witzig als „die Hüte, die Korsetts trugen". Männer mochten sie nie, aber Tausende von ihnen wurden getragen.

Aus männlicher Sicht wäre es weitaus besser, wenn Frauen ihre individuellen Kleidungsbedürfnisse umfassender und vernünftiger studieren und nicht blind den Vorschriften der Mode folgen würden; Wenn mehr Frauen erkennen würden, dass das Kleidungsstück, das für eine große, schlanke Figur geeignet ist, für eine stämmige, kleine Figur völlig unpassend ist. Als Sara Bernhardt den Handschuh erfand, der ihrem dünnen und schlecht geformten Arm Größe und Form verleihen sollte, erkannte sie das höchste Ziel der Mode. Wenn eine Frau einen neuen Hut oder eine neue Mütze braucht, wäre der Rat eines Mannes: „Durchsuchen Sie die Tische, bis Sie einen finden, der in Form und Besatz zu Ihnen passt. Egal, wenn er nicht der allerneueste ist." Stil; wenn es zu Ihrem Gesicht und Ihrer Figur passt, nehmen Sie es und Sie werden es nicht bereuen.

Bei der Einrichtung eines Raumes verstehen wir, dass wir nur das hineinlegen sollten, was den Raum besser aussehen lässt – und nicht das, was an sich einfach schön ist; Und wenn Frauen bei der Kleidung einem ähnlichen Plan folgen würden – sie würden nur das tragen, was ihnen steht, und keine Dinge tragen, nur weil sie sie hübsch und modisch finden, wären Männer damit zufriedener. Männer fühlen sich von der Schönheit einer Frau angezogen, und ob sie nur die neuesten Modetrends hat oder nicht, interessiert ihn selten im geringsten. Ein Mädchen, das sich also kleiden möchte, um Männern zu gefallen, sollte zuallererst etwas tragen, das ihre natürliche Attraktivität von Gesicht und Figur optimal zur Geltung bringt; Danach ist sie vielleicht so modisch wie möglich.

Zweifellos legen viele Mädchen zu viel Wert darauf, sich zu kleiden, um das andere Geschlecht anzuziehen. Wenn eine junge Dame zu einer gesellschaftlichen Veranstaltung eingeladen wird, ist ihr erster Gedanke häufig: „Was soll ich anziehen?" Ihr zweiter Gedanke ist: „Was soll ich anziehen?" Diese Frage beschäftigt sie die meiste Zeit, bis sie zu dem Ort geht, an dem sie bewirtet werden soll; und als sie den Raum betritt, ist ihr erster Gedanke: „Ich frage mich, wie ich aussehe." Wenn sie bei der Untersuchung der anderen anwesenden jungen Damen zu dem Schluss kommt, dass sie genauso gut gekleidet ist wie alle anderen Anwesenden, verspürt sie ein Gefühl der Ruhe und Zufriedenheit und genießt den Abend. Sie stellt sich vor, dass sie ein Objekt von Interesse für die Männer sein muss, und in gewissem Maße ist sie es auch.

Männer mögen es, wenn Frauen „gepflegt" sind. Sie erfassen ihr gesamtes Erscheinungsbild auf einen Blick und schenken der Frage nach Gewändern, Bändern, Hausschuhen oder Schärpen kaum weitere Aufmerksamkeit. Sie wollen unterhalten und amüsiert werden. Wenn die einzige Vorbereitung, die eine junge Dame getroffen hat, um attraktiv und interessant zu wirken, darin besteht, auf ihr persönliches Erscheinungsbild zu achten; Wenn ihre Anziehungskraft nur aus einem hübschen Gesicht und einer anmutigen Figur in einem hübschen Kleid besteht, wird sie niemals für ihre Eroberungen berühmt werden.

Einfachheit und äußerst frische Sauberkeit und Anmut sind für einen Mann attraktiver als jede Extravaganz der Mode oder die Kostbarkeit des Materials. Kein Mann ließ sich jemals durch die Pracht ihres Kostüms dazu bewegen, einem Mädchen einen Heiratsantrag zu machen. Natürlich wäre es absurd zu behaupten, dass körperliche Schönheit keinen Wert habe oder dass Kleidung von geringer Bedeutung sei. Das Mädchen, das körperlich schön zur Welt kommt, hat in der Tat Glück, und jedes Mädchen mit gesundem

Menschenverstand weiß, dass ein attraktives Kleid oder ein passender Hut von Bedeutung sind. Für sie ist es großartig zu verstehen, dass hinter dem Hut etwas Besseres stecken muss als ein hübsches Gesicht, damit sie selbst glücklich ist und für andere sehr attraktiv wirkt.

So wie man von manchen Menschen sagt, sie seien magnetisch geboren, so wird auch von manchen Frauen angenommen, dass sie eine besonders attraktive Art haben, Kleidung zu tragen, die sich jeder Nachahmung widersetzt.

Ein Autor im *Springfield Republican sagte*: „Es gibt etwas Subtiles, das man auf dem mikroskopischen Objektträger nicht erfassen kann, das sich nicht auf Prozentsätze reduzieren lässt, das sich nicht beschreiben lässt, und das ist die Art und Weise, wie manche Frauen ihre Kleidung tragen. Zwei Mädchen." mit Gesichtern von gleichem Wert und Kleidungsstücken von identischer Beschaffenheit werden keine gleichwertigen Wirkungen hervorrufen, weil das eine diese undefinierbare Qualität hat und das andere nicht. Folglich hören wir oft sagen, dass einige Mädchen in Kattun attraktiver sind als andere in edlerem Material. "

Dass es einen deutlichen Unterschied in der Art und Weise gibt, wie verschiedene Frauen ihre Kleidung tragen, wird niemand leugnen, aber weil einige Mädchen im gleichen Material besser aussehen und besser aussehen als andere, ist es notwendig, dies als unverständlich anzusehen oder zu erklären dass es „die Beschreibung verblüfft"? Der Autor ging in seiner Beschreibung der beiden Mädchen nicht weit genug. Während ihre Gesichter den gleichen Wert hatten und ihre Kleidung aus dem gleichen Material bestand, könnte es andere Unterschiede geben, die die „undefinierbare Qualität" erklären würden. Möglicherweise war der eine vom Verhalten her gefällig und der andere nicht. Der eine war persönlich und in der Sprache unbeholfen, während der andere taktvoll und anmutig war. Einer war langweilig; das andere interessant. Der Unterschied bestand in körperlichen und geistigen Merkmalen und nicht in einer Eigenschaft, die „die Beschreibung verwirrt". Tatsächlich handelt es sich um einen Unterschied, der leicht zu verstehen und zu analysieren ist.

Wenn zwei Mädchen Gesichter und Formen von gleichem Wert haben und gleichermaßen anmutig, taktvoll und wohlerzogen sind, werden ihre Kleidungsstücke, wenn sie aus der gleichen Form und dem gleichen Material bestehen, auf die gleiche Art und Weise getragen und haben die gleiche Wirkung.

Kein Mensch kann es sich leisten, auf sein persönliches Erscheinungsbild zu achten, ganz gleich, welche Stellung er in der Welt einnimmt. Kleidung macht vielleicht nicht den Mann aus, aber wir alle entwickeln durch unsere Kleidung eine sehr klare Vorstellung davon, was ein Mann ist. Wir gewinnen unseren ersten Eindruck von Personen durch das, was sie tragen; Unser zweites Urteil ergibt sich aus ihrer Unterhaltung und ihrem Verhalten.

Der gut gekleidete Mann wirkt auf andere attraktiver und fühlt sich selbst viel wohler, als wenn er nachlässig gekleidet wäre. Haben Sie die wunderbare Verwandlung bemerkt, die bei einem Mann stattfindet, wenn er seine Alltagskleidung auszieht und einen Anzug anzieht? Tagsüber mag er ein unordentliches und sogar schlampiges Aussehen haben, aber sobald er ein gut gewaschenes Hemd, einen hohen Stehkragen, eine frische Krawatte und einen Anzug anzieht, wirkt er völlig verändert. Er sieht fünf bis zehn Jahre jünger aus, und an seinem Auftreten erkennt man, dass er sich jünger fühlt. Er hat ein besseres Verhältnis zu sich selbst und zur Welt.

Jede Frau mag einen Mann mehr, weil er gut gekleidet ist. Wenn sie ihn sehr mag, mag sie seine Nachlässigkeit oder gar Nachlässigkeit in seinem persönlichen Erscheinungsbild entschuldigen oder übersehen, aber sie würde ihn viel mehr mögen, wenn er ordentlich und geschmackvoll wäre. Vielleicht verzeiht sie ihm seine grün-gelbe Krawatte, vielleicht übersieht sie sein schmutziges Leinen, sie erwähnt vielleicht nicht seinen Mantel, dessen Kragen voller Staub und Schuppen ist; Sie lässt ihn vielleicht nicht wissen, dass sie eines dieser Dinge überhaupt bemerkt hat, aber sie hat es. Sie denkt an sie, wann immer er bei ihr ist, und manchmal, wenn sie nicht bei ihm ist, und sie wünscht sich, er wäre anders. Vielleicht mag sie ihn trotz dieser Mängel. Frauen mögen einen Mann normalerweise trotz allem. Wenn einem Mann nur halb so viele Dinge an einer Frau auffielen, die ihm nicht gefielen, würde er sie nie lieben.

Abgesehen von der Tatsache, dass Frauen gerne Männer in ihrer Kleidung haben, die ordentlich und sogar elegant sind, kann es sich kein Mann, der sich im Geschäft oder in einem Beruf durchsetzen möchte, leisten, nachlässig mit seiner Kleidung umzugehen.

„Einige wenige Männer", heißt es *im Lewiston Journal* , „bekleidet mit einer heiteren Seele, die an den Wahnsinn des Genies heranreicht, können es sich leisten, schlecht gekleidet zu sein. Präsident Lincoln erhielt die freie Erlaubnis, unziemliche Gehröcke zu tragen. Horace Greeley konnte Leinen tragen." Sie waren voller Anmut und Gelassenheit. Aber sie waren einzigartig. Sie konnten die Mode bedeutungslos aussehen lassen, aber Sie und ich können das nicht, wenn wir uns inmitten der Menge beschäftigter Menschen bewegen wollen, die auf dem Wagen des Fortschritts eine Durchfahrt suchen."

Zum Thema Kleidung wurde Männern kein besserer Rat gegeben als in einem Artikel, der in *Success erschien* . Ein kurzer Auszug aus dem Artikel schließt dieses Kapitel ab.

„Kleidung gehört zu den anerkannten Maßstäben, nach denen Männer auf der ganzen Welt beurteilt werden. Sie bilden den wichtigsten Maßstab für den ersten Eindruck; allein aus diesem Grund ist es schwierig, ihre Bedeutung zu überschätzen. Sie zeigen auf den ersten Blick, ob ein Mann." ob er ordentlich oder unordentlich ist, vorsichtig oder nachlässig, methodisch oder unbeholfen, und welche Art von Geschmack er hat. Nichts anderes an ihm spiegelt so viel von seinen persönlichen Eigenschaften wider. Daher ist es nicht verwunderlich, das von denen zu erfahren, die jedes Jahr Tausende von Menschen beschäftigen Männer und Jungen, dass mehr Bewerber aufgrund ihres persönlichen Aussehens abgewiesen werden als aus allen anderen Gründen zusammen. Es würde jedoch einige Menschen sehr überraschen, wenn sie wüssten, wie weit verbreitet diese Regel ist.

Der gut gekleidete Mann ist jemand, dessen Kleidung ihn nicht zum Gegenstand von Kommentaren macht, sei es, weil sie auffällig oder schäbig ist. Er geht nie in die Extreme der Mode und buhlt damit um Berühmtheit; Er verfällt nie in das andere Extrem, indem er überhaupt nicht darauf achtet, was er trägt oder wie er es trägt. In seiner Kleidung ist er immer bescheiden. Er folgt den etablierten Bräuchen, seine Kleidung je nach Anlass zu wechseln, ohne sich zum Sklaven der Reform zu machen. Er trägt nicht immer teure Kleidung, und das ist auch gar nicht nötig. Aber er ist immer sauber und ordentlich, oder, wie es heute heißt, „gepflegt".

DER OPTIMIST.

Die Angewohnheit, die Dinge positiv zu sehen, ist weit mehr wert als tausend Pfund pro Jahr.

–SAMUEL JOHNSON.

„Mehr als die Hälfte des Unglücks auf der Welt ist darauf zurückzuführen, dass ein Mensch nicht bereit ist, die positive Seite zu sehen, solange eine dunkle Seite entdeckt werden kann.“

Wir alle mögen den Optimisten. Der aufgeweckte, fröhliche, gutmütige Kerl, der immer durch die Wolke schaut und ihren Silberstreif sieht, ist so gut wie ein Stärkungsmittel für unsere pessimistischsten Gemüter. Wenn Sie also anderen und sich selbst gegenüber angenehm sein möchten, pflegen Sie die Gewohnheit der Fröhlichkeit – immer auf die positive Seite zu schauen. Tragen Sie ein angenehmes Gesicht; lass Fröhlichkeit in deinen Augen strahlen; Lass die Liebe ihre Spuren auf deiner Stirn hinterlassen und gib freundliche Worte und einen angenehmen Gruß für diejenigen, die du triffst. Vergessen Sie nicht, „Guten Morgen“ zu sagen! und sag es herzlich. Sagen Sie es Ihren Brüdern und Schwestern, Ihren Schulkameraden, Ihren Eltern, Ihren Lehrern und Ihren Freunden. Freundliche, herzliche Grüße trösten die Entmutigten, ruhen die Müden und sorgen dafür, dass die Räder des Lebens reibungsloser laufen. Sie ebnen die dornigen Pfade, gewinnen Freunde und verwirren Feinde. Tatsächlich ist es unmöglich, dem Einfluss der Fröhlichkeit zu widerstehen. Lass ein helles Gesicht auf die Dunkelheit der Niederlage strahlen, auf die Wohnstätte der Armut leuchten; Erleuchte die Kammer der Krankheit und wie sich alles unter ihrem gütigen Einfluss verändert.

Der Sieg wird möglich, die Kompetenz verspricht eine goldene Zukunft und die Gesundheit wird wieder zurückgeworben.

Andererseits können Sie nicht abschätzen, wie viel Unzufriedenheit Sie verursachen können, wenn Sie ein getrübtes Gesicht tragen und harte, unfreundliche Worte sagen.

Viele Menschen machen sich das ganze Leben lang Sorgen und jammern. Sie scheinen nie einen großzügigen Impuls zu haben.

„Sie scheinen an einem dieser kalten, trostlosen, düsteren Tage auf die Welt gekommen zu sein, als es nichts gab, womit man ein Feuer machen konnte. Sie sind offenbar in derselben trostlosen Atmosphäre aufgewachsen und leben ihr ganzes Leben darin.“ Leben. Sie sehen ihre Kleinheit in allem, was sie tun und sagen . Sie sehen es in ihrem Kaufen und in ihrem Verkaufen, in ihren Reden und in ihren Taten. Sie werden mit Recht „die Frösche, die eine der Plagen der Gesellschaft darstellen" genannt. Sie haben nie ein einziges Herz erfreuen noch einen einzigen Sonnenstrahl auf Mann, Frau oder Kind geworfen."

Es ist genauso leicht, freundlich zu sein, wie verärgert zu sein, und ebenso leicht, Freude zu bereiten wie Schmerz. Es kostet nichts; Es ist ein Lächeln, ein anerkennendes Wort, eine Erwähnung dessen, worüber man gerne gesprochen hört, und nicht eine irritierende Anspielung.

Wenn Ihr Pfarrer eine Predigt gehalten hat, die Sie interessiert und Ihnen geholfen hat, sagen Sie es ihm. Es wird ihn ermutigen und aufheitern, und er wird versuchen, Ihnen in Zukunft noch bessere Predigten zu halten. Denken Sie daran, dass der Prediger viel menschlicher ist, als die meisten Menschen denken, und dass kein Mensch das echte, männliche Wort der Fröhlichkeit, des Mitgefühls und der Zuneigung höher schätzt. Wenn Ihr Lebensmittelhändler Ihnen etwas besonders Gutes verkauft hat, sagen Sie es ihm. Zweifellos haben Sie schon oft etwas am Tee, am Mehl und am Fleisch bemängelt; Warum überraschen Sie ihn dann nicht, indem Sie ihn wissen lassen, dass Sie eine gute Sache zu schätzen wissen, wenn Sie sie bekommen?

Vielleicht haben Sie Kinder, die öffentliche Schulen besuchen. Vielleicht ist es ihrem Lehrer durch Geduld, Fingerspitzengefühl und den Einsatz großer Nervenkraft gelungen, sie für ihre Studien zu interessieren wie nie zuvor. Glauben Sie nicht, dass es sie zu noch größeren Anstrengungen anspornen würde, wenn Sie ihr bei Ihrem Treffen sagen würden: „Meine Kinder sind in diesem Semester gut in der Schule. Sie mögen Sie und interessieren sich für ihre Arbeit." Zweifellos haben Sie Lehrer, Methoden und Schulleitung oft heftig kritisiert und waren mit Ihren verurteilenden Worten sehr frei. Warum helfen Sie nicht ein wenig durch einen Ausdruck Ihrer Zustimmung, wenn Sie das ehrlich können?

Machen Sie Ihrer Frau eine Freude, wenn Sie eine haben. Beachten Sie ihre sorgfältigen Bemühungen, es ihr zu Hause gemütlich zu machen. Machen Sie ihr ein Kompliment zum Abendessen und zeigen Sie, dass Sie die tausend Dinge zu schätzen wissen, die sie für Ihr Wohlbefinden tut. Es gibt keinen größeren Beweis heldenhafter Stärke als bei jemandem, der in einem freudlosen Zuhause lebt, das sie nach besten Kräften aufzuhellen versucht, und der die Jahre in einem unbefriedigten Verlangen nach Worten und Zeichen der Liebe und des Mitgefühls verbringt, die ihm nie zuteil werden.

Haben Sie keine Angst davor, etwas von sich selbst zu geben, sich ein wenig rauszulassen; und fürchte dich nicht, dass dein Herz mit deinem Kopf davonläuft. Verwechseln Sie Sentimentalität nicht mit Sentimentalität und zögern Sie nicht, eine Sache oder eine Tat zu loben, wenn sie wirklich würdig ist. Sie müssen dies sowohl um Ihrer selbst willen als auch um andere glücklich zu machen tun.

„Um meiner selbst willen", sagen Sie. „Inwiefern hilft es mir, wenn ich einen anderen lobe?" Wenn Lob verdient ist, ist es für den Geber wichtiger als für den Empfänger.

„Lob hat keinen unmittelbaren Einfluss auf die Verdienste dessen, dem es verliehen wird", sagte kürzlich ein Schriftsteller, „aber es wirkt sich unmittelbar auf die Verdienste dessen aus, dem es zuteil wird. Wenn ein Mann Lob verdient, ist er ein ebenso großer Mensch ohne es wie mit ihm; aber kein Mensch kann so sehr ein Mann sein oder so sehr wie ein Mann erscheinen, während er gerechtes Lob zurückhält, als wenn er es schenkt."

Sowohl in kleinen als auch in großen Angelegenheiten ist die Anerkennung der Verdienste anderer eine Pflicht, deren Erfüllung für denjenigen, der sie schuldet, noch wichtiger ist als für denjenigen, dem sie schuldig ist. Wir versäumen es nicht, unsere Wertschätzung für Heldentaten zum Ausdruck zu bringen, aber im alltäglichen Leben werden die Worte der Wertschätzung am dringendsten benötigt und zu selten gesprochen. Manch einer Frau wäre in vielen schwierigen Situationen große Freude und Hilfe zuteil geworden, wenn sie zu Lebzeiten auch nur halb so viele nette Dinge gehört hätte, die ihr von denen, die sie liebte, gesagt wurden, wie in ihrer Beerdigungspredigt und ihrer Todesanzeige standen.

Es besteht natürlich ein großer Unterschied zwischen dem Ausdruck einer gebührenden und feinfühligen Würdigung von Verdiensten und dem falschen und übertriebenen Lob, das aus dem Wunsch heraus entsteht, zu schmeicheln. Ersteres wird immer mit Freude aufgenommen, aber Letzteres verletzt die Empfänglichkeit derjenigen, denen es überschüttet wird. Für einen richtig eingestellten Geist gibt es kaum etwas Schmerzhafteres als unverdiente oder sogar übertriebene Belobigung. Schmeichelei ist niemals entschuldbar; verdientes Lob sollte niemals vorenthalten werden.

Sei kein Nörgler. Gibt es jemanden, der unwillkommener ist als der chronische Growler? Als wir ihn treffen , knurrt er zunächst über das Wetter; Dann werden Sie mit einem langen Bericht über seine Schmerzen, seine Prüfungen und seine Verluste unterhalten. Nichts gefällt ihm. Seine Nachbarn sind unehrlich, Kirchenmitglieder sind Heuchler, Beamte sind seiner Meinung nach allesamt Schurken, Gesetzgeber sind korrupt und das Land geht vor die Hunde. Wenn Sie eine Person loben, versucht sie sofort, sie in Ihrer Wertschätzung herabzusetzen. Wenn Sie eine Sache oder eine Institution loben, wird er Ihre Aussage mit Sicherheit bemängeln. Er wünscht sich Ihr Mitgefühl für seine Probleme, kann es aber nicht geben.

Wir alle sehnen uns nach Mitgefühl, aber wenn wir nicht aufpassen, kann es sein, dass wir selbst die Geduld unserer besten Freunde erschöpfen, wenn wir unsere Sorgen aufzählen. Wenn Ihre Schmerzen noch schlimmer sind, ist der beste Rat für Sie: „Linsen Sie und ertragen Sie es." Es ist schön und gut, für kurze Zeit ein interessanter Invalide zu sein. Deine Nachbarn werden dir gutes Essen bringen, und deine Freunde werden dir hübsche Blumen zum Anschauen und Bücher zum Lesen bringen, aber bleib nicht zu lange im Bett, wenn du es vermeiden kannst, und trage dich nicht zu lange und traurig ein Gesicht, wenn Sie sich erholen. Es wird Ihren Schmerz überhaupt nicht lindern, allen, denen Sie begegnen, zu erzählen, wie sehr Sie leiden, und wenn Ihre Freunde ein Dutzend Mal mit Ihnen sympathisiert haben , werden sie es ein wenig leid. Dieser Rat ist es wert, in die Tat umgesetzt zu werden, nicht nur zum Wohle Ihrer Freunde, sondern auch für sich selbst. Die Last, die er fröhlich trägt, wird leichter, und jeder Arzt weiß, dass der hoffnungsvolle, fröhliche Patient viel mehr Chancen auf Genesung hat als der verzweifelte. Im Leben von uns allen gibt es Stunden voller Angst, Enttäuschung, Schmerz und Ärger; Zeiten der Prüfung, denen man nur mit hartnäckiger Geduld begegnen kann. Die Größe der Seele wird durch die Gelassenheit geprüft, mit der diese unvermeidlichen Übel ertragen und schließlich überwunden werden. Der kleine Geist wird sich über Kleinigkeiten ärgern und aufbrausen und rauchen, so wie der kleine Bach über sein schmales, kieseliges Bett rinnt, während der tiefe, starke Fluss schnell und lautlos über die Felsbrocken fließt, die an seinem Grund liegen.

„Aber", sagen Sie, „der Rat ist zwar gut, aber es ist sehr schwer, ihm zu folgen." Ja, aber es ist wirklich schwieriger, es nicht zu beachten. „Der Vogel, der gegen die Eisenstangen seines Käfigs schlägt, leidet mehr als der geduldige Gefangene."

Lache so viel du kannst. Es ist gut für dich. Ärzte sagen uns, dass Lachen einen direkten und positiven Einfluss auf die Gesundheit hat. Die körperliche Bewegung, die durch ein herzliches Lachen hervorgerufen wird, führt zu einer Erweiterung der Arterien und einer Beschleunigung des Blutflusses, wodurch lebenswichtige Prozesse beschleunigt werden; und eine mentale Aktion durch Stimulierung der Blutgefäße des Gehirns. Wer dem traurigen Herzen Medizin in Form von Witz und Humor verabreicht, ist mit Sicherheit ein „barmherziger Samariter".

Die unwiderstehliche, gut gelaunte Philosophie von Mark Twain hat die Depression und den Kummer vieler Menschen gelindert. Er hat uns zum Lachen gebracht, und seine Mission in der Welt war eine wohltätige. Ein fröhliches Gesicht tut einem Kranken ebenso gut wie angenehmes Wetter. Fröhlichkeit ist Gesundheit, Melancholie ist Krankheit. Fröhlichkeit ist für das Herz eines moralisch und körperlich gesunden Menschen ebenso selbstverständlich wie die Farbe seiner Wangen, und wo immer wir gewohnheitsmäßige Trübsinnigkeit sehen, können wir sicher sein, dass in der tierischen Ökonomie oder im moralischen Sinne etwas völlig falsch ist.

Sydney Smith gab einmal einer Dame zweiundzwanzig Quittungen gegen Melancholie. Eines war ein helles Feuer; eine andere, um sich an all die angenehmen Dinge zu erinnern, die ihr gesagt wurden; eine andere Möglichkeit, eine Schachtel Zuckerpflaumen auf dem Kaminsims und einen Wasserkocher auf dem Herd zum Kochen zu bringen. Das sind an sich triviale Dinge, aber das Leben besteht aus diesen kleinen Freuden und keine sollte wegen ihrer scheinbar unbedeutenden Natur vernachlässigt werden.

Wenn unser Temperament uns nicht von Natur aus fröhlich macht, können wir zumindest jene körperlichen und geistigen Gewohnheiten pflegen, die der Entwicklung dieses Zustands am förderlichsten erscheinen. Wir können den Geist für heitere Eindrücke offen halten und ihn für düstere verschließen. Es ist weitaus besser, unsere Segnungen zu vergrößern, als sie abzuwerten. Der Spanier, von dem Southey erzählt , dass er beim Verzehr von Kirschen immer seine Lupe aufsetzte, um sie größer erscheinen zu lassen, hatte die wahre Lebensphilosophie. Die alten Pompejier scheinen also die Kunst, aus allem das Beste herauszuholen, gut verstanden zu haben. Ihre Gärten waren sehr klein, aber durch die Bemalung der umgebenden Mauern mit Pflanzen und Landschaften vergrößerte sich ihre kleine Fläche für das Auge des Betrachters ins Unendliche.

PERSÖNLICHE BESONDERHEITEN.

„Exzentrizität mag harmlos sein, aber sie kann niemals lobenswert sein; sie ist eines der Kinder dieses produktiven Versagens – der Eitelkeit. Und ob sie sich nun in Gefühlen, Manieren oder Besonderheiten der Kleidung zeigt, sie wird eindeutig auf der Grundlage der anmaßenden Annahme umgesetzt, dass ... "Die Vielen haben Unrecht, der Einzelne hat Recht."

Die Gesellschaft verzeiht Genialität und besonderen Gaben viel, aber da sie ihrem Wesen nach eine Konvention ist, liebt sie das Konventionelle oder das, was zum Zusammenkommen gehört. Das macht die guten und schlechten Manieren aus, nämlich das, was die Gemeinschaft fördert oder behindert.

EMERSON.

Wir alle wissen, dass die äußere Erscheinung eines Menschen großen Einfluss auf seinen Erfolg sowohl in der sozialen als auch in der Geschäftswelt hat. Tausende von Männern und Frauen werden in ihrem Bemühen, ihnen zu gefallen, durch eine persönliche Besonderheit behindert, die anderen Menschen schmerzlich auffällt, von der sie selbst aber scheinbar überhaupt nichts wissen. Tausende von Berufs- und Geschäftsleuten werden durch Unzulänglichkeiten in ihrem Benehmen oder ihrer Sprache daran gehindert, den Erfolg zu erzielen, den sie erreichen könnten, was durch ein wenig mühsame Anstrengung behoben werden könnte.

Hier ist ein Arzt, der sich durch jahrelanges hartes Studium und durch die Ausgabe einer beträchtlichen Geldsumme gründlich auf seinen Beruf vorbereitet hat, aber er weiß wenig über die menschliche Natur und nur wenig über die Anforderungen einer guten Gesellschaft. Er hat kein Taktgefühl und hielt es nicht für nötig, diese Qualität zu kultivieren. Er ist kalt und unsympathisch. Er hat keine Fähigkeit, Freunde zu finden oder sie zu behalten. Er ist nicht kontaktfreudig und macht sich bei seinen Patienten nicht durch die kleinen freundlichen Taten und mitfühlenden Reden angenehm, die für Kranke so tröstend sind. Er fühlt sich gut auf die Ausübung seines Berufes vorbereitet und schätzt etwaige persönliche Mängel als gering ein. Andere Männer mit geringeren Fähigkeiten, aber mehr Fingerspitzengefühl überflügeln ihn bald im Rennen um die Gunst der Öffentlichkeit. Es gelingt ihm nie, eine große Praxis zu erwerben, und möglicherweise weiß er nie, warum.

Ein junger Mann bewirbt sich um eine Stelle als Lehrer. Er verfügt über gute wissenschaftliche Voraussetzungen für die Stelle, die er sich wünscht, denn er leitete seine Klasse am College und wird als junger Mann von Integrität und Ernsthaftigkeit wärmstens empfohlen. Nach einem kurzen Gespräch entscheidet der Schulleiter, dass er nicht der richtige Mann für die Stelle ist, und der Bewerber geht enttäuscht davon. Warum wurde er abgelehnt? Nicht wegen mangelnder Gelehrsamkeit oder mangelndem moralischen Charakter, sondern einfach wegen seines persönlichen Aussehens. Er war in seinem Kleid unordentlich. Seine Wäsche war verschmutzt, sein Mantel war nicht gebürstet, seine Manschetten waren an den Rändern ausgefranst, und seine Fingernägel zeugten davon, dass er regelmäßig auf persönliche Sauberkeit und Sauberkeit achtete. Der Kommissar entschied sofort, dass er ihn nicht haben wollte, und der junge Mann wusste nicht, warum.

Hier ist eine junge Frau, die gut aussieht, intelligent und erfolgreich ist. Anscheinend besitzt sie alle Eigenschaften, die nötig sind, um in der Gesellschaft beliebt zu sein, und sie scheint eine Menge Freunde zu verdienen. Dennoch ist sie in ihrem Bekanntenkreis nicht besonders begehrt und hat nur wenige feste Freunde. Junge Männer schenken ihr kaum Beachtung und scheinen Angst vor ihr zu haben. Andere Mädchen, die intellektuell weniger brillant sind, über weniger Leistungen verfügen und ein schlichteres Gesicht haben, sind in der Gesellschaft weitaus beliebter. Ihre besondere Schwäche besteht darin, dass sie es sich erlaubt hat, Sarkasmus in einem Ausmaß anzuwenden, das für diejenigen, mit denen sie spricht, beleidigend ist. Sie hat die Angewohnheit, unangenehme, bissige Dinge auf humorvolle Weise zu sagen, und sie ahnt nie, dass Menschen dadurch verletzt werden. Sie hat diese Angewohnheit so weit kultiviert, dass sie auf Kosten anderer immer für Lacher sorgen kann, und sie ist ständig auf der Suche nach Gelegenheiten, diese Leistung auszuüben. Schließlich wird ihr klar, dass sie ihre Freunde nicht zurückhält; dass sie manchmal in Sachen Einladungen beleidigt wird; dass sie kein beliebtes Mädchen ist und sie nicht weiß, warum.

Ein gewisser Geistlicher ist ein ausgezeichneter Prediger, der in der Lage ist, das gebildetste Publikum anzuziehen, zu unterweisen und zu inspirieren, aber er wird von seinem eigentlichen Wirkungs- und Einflussbereich ausgeschlossen und daran gehindert, die Position zu erreichen, für die ihn seine Begabungen qualifizieren Materie, die an sich unbedeutend erscheinen mag, die aber durch ihren anhaltenden Einfluss auf ihn anstößig geworden ist. Er zeigt einen Mangel an angemessener Rücksichtnahme gegenüber den Gefühlen anderer, einen arroganten und unsympathischen Tonfall und lässt sich bei Widerstand manchmal zu hemmungsloser Gewalt in der Sprache äußern. Er verrät seine Schwäche jedes Mal, wenn jemand seine Pläne und Wünsche durchkreuzt. Es scheint ihm schwer zu verstehen, dass andere das gleiche Recht auf ihre Vorlieben und Meinungen haben. Er vergisst, dass es zwar leicht ist, liebenswürdig zu sein, wenn alle mit ihm übereinstimmen, die Prüfung des Charakters jedoch darin besteht, ein sanftes und vernünftiges Temperament zu bewahren, wenn andere anderer Meinung sind als er und ihn kritisieren . Er versteht seine Macht, das Publikum zu bewegen; Ihm wird von urteilsfähigen Personen gesagt, dass seine Predigten überlegen seien; er weiß, dass er in höheren intellektuellen Qualitäten viele andere Geistliche übertrifft, die herausragende Positionen sichern und behalten; Dennoch wird ihm die schmerzhafte Wahrheit aufgezwungen, dass seine Dienste als Pastor nicht gesucht werden, während minderwertige Prediger für Orte mit Macht und Einfluss ausgewählt werden.

Ein Mann geht in den Handel. Er ist ein kluger Käufer, energisch, ehrlich und führt ein gutes Warensortiment, ist aber den Kunden gegenüber nicht zuvorkommend. Er ist kurz und knapp in seiner Rede, gereizt und manchmal fast unhöflich in seiner Art; Folglich hält er seine Gönner nicht fest. Einer nach dem anderen verlassen sie ihn und erledigen ihre Einkäufe in anderen Geschäften, wo sie höfliche Aufmerksamkeit erhalten. Dem Kaufmann geht es im Geschäft nicht gut, und er weiß nie, warum.

Hier ist eine Frau, die stolz auf ihre Offenheit ist. Sie prahlt damit, dass sie, wenn sie etwas zu sagen hat, bereit ist, es einem ins Gesicht zu sagen und nicht hinter dem Rücken. Sie hält es für ein Zeichen von Aufrichtigkeit und Offenheit, unangenehme Dinge zu sagen und die eigenen Schwächen an die Oberfläche zu bringen. Ihre Tendenzen werden schließlich zu festen Gewohnheiten. Sie wird von ihren Bekannten gemieden und weiß nicht, warum.

Dann ist da noch die geschwätzige Frau, die Frau, die das Gespräch monopolisiert, die Frau, die Absätze und Satzzeichen offensichtlich verachtet. Ganz gleich, um welches Gesprächsthema es sich handelt, sie nimmt die Leitung des Gesprächs sofort selbst in die Hand, und den anderen Mitgliedern der Gesellschaft wird sofort das Gefühl vermittelt, dass von ihnen nur Zuhörer erwartet werden. Die geschwätzige Frau redet vielleicht gut – das tut sie oft –, aber sie versteht nicht, dass es sogar zu viel Gutes geben kann, und so redet sie immer weiter, ohne Rücksicht auf die Rechte und den Komfort von die um sie herum.

Ein professioneller Mann, der viel intellektuelle Kraft und Originalität besitzt, ist stolz auf seine Unkonventionalität in Sachen Kleidung. Seine Kleidungsstücke sind so weit vom vorherrschenden Stil entfernt, dass sie Aufmerksamkeit erregen und zu Kommentaren einladen. Er ist sich nicht darüber im Klaren, dass der Mann, der sich gegen die Mode auflehnt, möglicherweise noch mehr der Anschuldigung der Eitelkeit ausgesetzt ist als derjenige, der ihr gehorcht, weil er sich auffällig macht und praktisch verkündet, dass er klüger ist als seine Gefährten. Eine Vorspiegelung überragender Einfachheit ist Vulgarität.

Halten Sie einen Moment inne und erinnern Sie sich an zwanzig Männer und Frauen aus Ihrem Bekanntenkreis. Sie werden sich wahrscheinlich erinnern, dass zwei Drittel von ihnen eine Besonderheit, einen Sprach- oder

Verhaltensfehler aufweisen, der ihren sozialen und geschäftlichen Erfolg oder ihre Nützlichkeit beeinträchtigt. Einer ist ein Klatsch; Ein anderer besitzt ein vorschnelles Temperament, während ein Dritter intellektuell unehrlich ist und niemals seinen Standpunkt aufgibt, selbst wenn der absolutste Beweis dafür besteht, dass er im Unrecht ist. Einer Ihrer Freunde ist ein Pessimist und versucht ständig, Sie von seinem Standpunkt zu überzeugen, während seine Frau so neugierig ist, dass Sie sofort nervös werden, wenn Sie ihre Annäherung bemerken. Eine junge Frau aus Ihrem Bekanntenkreis wäre eine äußerst charmante Person, wenn sie nicht zu viel lachen würde. Ein Gespräch mit ihr ist ihrerseits ein ständiges Kichern.

Dies mögen im Allgemeinen gute, intelligente und in vielerlei Hinsicht charmante Menschen sein, aber leider werden sie durch diese Mängel beeinträchtigt. Sie sind sich dieser persönlichen Eigenschaften so unbewusst geworden, dass sie zweifellos sehr überrascht wären, wenn ihre Aufmerksamkeit auf sie gelenkt würde. Die Wirkung dieser Mängel auf andere ist jedoch genauso unglücklich, als ob sie absichtlich beibehalten und genährt würden, denn wir betrachten normalerweise das äußere Verhalten als einen wahren Index der inneren Emotion.

Wenn so viele unserer Bekannten Eigenheiten an den Tag legen, die uns unangenehm auf uns wirken, ist es dann nicht möglich, dass auch wir an einem behebbaren Übel des Temperaments, einer überwindbaren Gebrechlichkeit im Benehmen oder in der Sprache leiden, die unserem eigenen Nutzen im Weg steht, weil sie für andere belastend ist? Mit wem werden wir zusammengeworfen?

Lassen Sie uns darüber nachdenken.

Vorschläge aus vielen Quellen
für
den Mann, der gefallen würde, und
die Frau, die bezaubern würde.

Ein Herr macht keinen Lärm; eine Dame ist gelassen.

EMERSON.

Also redete ich viel und war unendlich zufrieden mit Brandons Gesprächsfähigkeiten, die selten waren; nichts Geringeres zu sein als die Fähigkeit, nichts zu sagen und einer unbestimmten Zeitspanne derselben Sache, in einer anderen Form, von mir höflich zuzuhören.

KARL MAJOR.

Sprechen Sie über die Themen, die Ihnen schon lange im Kopf herumschwirren, und hören Sie zu, was andere über die Themen sagen, die Sie erst kürzlich studiert haben. Wissen und Holz sollten nicht viel genutzt werden, bis sie gelagert sind.

OW HOLMES.

Eine schöne Form ist besser als ein schönes Gesicht; ein schönes Verhalten ist besser als eine schöne Form; es macht mehr Freude als Statuen oder Bilder; es ist die schönste Kunst.

EMERSON.

Glauben Sie nichts gegen einen anderen, außer aus guter Quelle, und berichten Sie auch nicht, was einem anderen schaden könnte, es sei denn, es würde einem anderen noch mehr schaden, es zu verheimlichen.

WILLIAM PENN.

„Das Leben ist wie ein Spiegel. Es spiegelt das Gesicht wider, das du ihm gibst. Schauen Sie liebevoll auf die Welt, und die Welt wird liebevoll auf Sie schauen.“

Aber es sind hauptsächlich meine eigenen Träume, über die ich spreche, und das entschuldigt mich einigermaßen, überhaupt über Träume zu sprechen. Jeder weiß, wie herrlich die Träume sind, die man selbst träumt, und wie langweilig die Träume anderer sind. Eine Veranschaulichung dieser Tatsache hatte ich vor nicht allzu vielen Abenden, als eine Gruppe von uns aufschlussreiche Träume hatte. Ich hatte bei weitem die besten Träume von allen; Um ganz ehrlich zu sein: Meine Träume waren die einzigen, die es wert waren, gehört zu werden. sie waren reich an Fantasie, zart phantastisch, äußerst skurril und im höchsten Maße humorvoll; und ich wunderte mich, dass die anderen, wenn sie ihnen hätten zuhören können, immer bestrebt waren, sich mit etwas Dummem, Sinnlosem und Geschmacklosem einzumischen, was mir Mitleid und Scham für sie bereitete. Ich gehe nicht zu weit, wenn ich sage, dass es ihrerseits der gröbste Verrat an der Eitelkeit war, den ich je erlebt habe.

WILLIAM DEAN HOWELLS.

„Es ist ein großer Fehler, anzunehmen, dass es beim Geben nur um materielle Vorteile geht. Diese bilden in der Tat nur einen kleinen Teil seiner Mission. Wer Glück schafft, sei es durch einen freundlichen Gruß, oder durch zärtliches Mitgefühl, oder durch inspirierende Präsenz oder anregende Gedanken, ist ein ebenso wahrer Geber wie der, der seinen Geldbeutel leert, um die Hungrigen zu ernähren.“

Höflichkeit und gute Erziehung sind absolut notwendig, um alle anderen guten Eigenschaften oder Talente hervorzuheben. Ohne sie wird kein Wissen, keine Vollkommenheit überhaupt im besten Licht gesehen. Der Gelehrte ohne gute Bildung ist ein Pedant; der Philosoph, ein Zyniker; der Soldat ein Rohling; und jeder Mann, unangenehm.

LORD CHESTERFIELD.

„Obwohl Taktgefühl zum Teil eine natürliche Gabe ist, ist es zu einem großen Teil auf Bildung und frühe Gewohnheiten zurückzuführen. Die Überlegenheit eines Geschlechts gegenüber dem anderen in dieser Hinsicht hängt oft ebenso von der Kunst wie von der Natur ab.“

„Niemals ist Schweigen beredter, als wenn man es Menschen gegenüber bewahrt, die älter sind als wir selbst und deren Meinungen sich längst als falsch erwiesen haben. Das Alter mag es nicht, wenn ihm widersprochen wird, ob richtig oder falsch."

In der Überlegenheit der Selbstbeherrschung liegt eine der Vollkommenheiten des idealen Menschen: nicht impulsiv zu sein, sich nicht hin und her treiben zu lassen von jedem Wunsch, der wiederum die Oberhand hat; sondern zurückhaltend und ausgeglichen zu sein und sich von der gemeinsamen Entscheidung der im Rat versammelten Gefühle leiten zu lassen, vor denen jede Aktion vollständig debattiert und in aller Ruhe beschlossen werden muss.

HERBERT SPENCER.

Im unerschöpflichen Katalog der Barmherzigkeit des Himmels für die Menschheit muss die Fähigkeit, in den härtesten Prüfungen einige Keime des Trostes zu finden, immer den ersten Platz einnehmen; Nicht nur, weil es uns unterstützt und erhält, wenn wir es am meisten brauchen, sondern weil in dieser Quelle des Trostes etwas vom Göttlichen Geist steckt, zu dem wir allen Grund haben zu glauben; etwas, das wir selbst in unserer gefallenen Natur mit den Engeln gemeinsam haben.

DICKENS.

„Wenn Sie Feindseligkeit begraben, stellen Sie keinen Grabstein über ihrem Grab auf."

Das habe ich nie Es fällt mir schwer , mein eigenes Verhalten zu regulieren , aber ich halte andere Leute gerade , das stört mich.

JOSH BILLINGS.

„Hunderte der angenehmsten Menschen in der modernen Gesellschaft sind diejenigen, die sich damit zufrieden geben, Dinge beizubringen, die sie bereits wissen."

Es ist besser, einen heruntergefallenen Fächer vornehm zurückzugeben, als tausend Pfund umständlich zu geben; Es ist besser, einen Gefallen höflich abzulehnen, als ihn ungeschickt zu gewähren. Ihr ganzes Griechisch kann Sie nie vom Sekretär zum Gesandten oder vom Gesandten zum Botschafter machen , aber Ihre Ansprache, Ihr Auftreten, Ihr Benehmen, wenn es gut ist, schon.

LORD CHESTERFIELD.

„Die Kunst, nicht zu hören, sollte von allen erlernt werden. Sie ist für das häusliche Glück genauso wichtig wie ein gepflegtes Ohr, für das sowohl Geld als auch Zeit aufgewendet werden. Es gibt so viele Dinge, deren Hören schmerzhaft ist, so viele, die wir nicht hören können." sollten nicht hören, so viele, die, wenn sie gehört werden, das Gemüt stören, Einfachheit und Bescheidenheit verderben, die Zufriedenheit und das Glück beeinträchtigen, dass jeder erzogen werden sollte, Geräusche entsprechend seinem oder ihrem Vergnügen aufzunehmen oder auszuschließen."

Wöchentlich.

„Die bittersten Tränen, die über Gräbern vergossen werden, sind für unausgesprochene Worte und unerledigte Taten. Sie wusste nie, wie sehr ich sie liebte. Er wusste nie, was er für mich bedeutete. Ich wollte immer mehr aus deiner Freundschaft machen. Ich wusste nicht, was er war." war für mich, bis er ging. Das sind die vergifteten Pfeile, die der grausame Tod von der Tür des Grabes auf uns zurückschießt .

Wir sind nur dann wirklich lebendig, wenn wir uns am Wohlwollen anderer erfreuen.

GOETHE.

Geschmacksunterschiede bei Witzen sind eine große Belastung für die Gefühle.

GEORGE ELIOT.

„Macht ist nicht halb so groß wie Sanftmut."

Manieren ist wichtig. Ein freundliches Nein ist oft angenehmer als ein grobes Ja.

BENGEL .

Wir gehen immer klug mit denen um, die sich vorstellen, dass wir so denken wie sie. Um oberflächlich zu sein, muss man sich von den Menschen unterscheiden; Um tiefgründig zu sein, muss man ihnen zustimmen.

BULWER.

Wenn Sie alles verderben wollen, was Gott Ihnen gibt; Wenn du selbst unglücklich sein und anderen Leid bereiten willst, ist der Weg ganz einfach. Sei nur egoistisch, dann ist es sofort erledigt.

CHARLES KINGSLEY.

Die Sprache wurde uns gegeben, damit wir angenehme Dinge sagen konnten.

BOVEE .

„Die besonders sozialen Eigenschaften sind Gutmütigkeit, Liebenswürdigkeit, der Wunsch zu gefallen und die Güte des Herzens, die es vermeidet, Anstoß zu erregen. Ein gutmütiger Mensch mag offen gesagt anderer Meinung sein als Sie, aber er beleidigt Sie nie."

Gute Manieren bestehen aus kleinen Opfern.

EMERSON.

Der Stolz auf die Herkunft, ob hoch oder niedrig, entspringt demselben Prinzip der menschlichen Natur; Das eine ist nur der positive, das andere der negative Pol einer einzelnen Schwäche.

LOWELL.

Der bestmögliche Eindruck, den Sie mit Ihrem Kleid hinterlassen können, besteht darin, überhaupt keinen separaten Eindruck zu hinterlassen; aber so , dass sein Material und seine Form mit Ihrer Persönlichkeit harmonieren, dass es in der Gesamtwirkung tributpflichtig wird, und zwar so ausschließlich tributpflichtig, dass die Leute nicht erkennen können, nachdem sie Sie gesehen haben, welche Art von Kleidung Sie tragen.

JG HOLLAND.

Nichts ist gefährlicher, als Männer so darzustellen, wie sie sind, wenn sie zufällig nicht so schön sind, wie sie es gerne hätten.

EDMOND ÜBER.

„Leihen Sie sich Ärger, wenn Sie nicht schon genug haben."

Raffinesse schafft überall Schönheit.

HAZLITT.

„Eine Dame kann stets die Wertschätzung, die ihr entgegengebracht wird, anhand des an sie gerichteten Gesprächs beurteilen."

Manche Menschen können nicht mit vier Pferden zum Glück fahren, andere können das Ziel zu Fuß erreichen.

THACKERAY.

„Der Clown, der die Massen zur Heiterkeit erregt, ist eher ein Wohltäter als der Eroberer, der tausend Häuser in Trauer hüllt."

„Takt ist die Kunst, sich schnell in die Lage des anderen zu versetzen."

„Es lohnt sich zu 100 Prozent, höflich zu allen zu sein, vom Müllsammler bis zum Gouverneur."

„Wenn Sie möchten, dass Ihre eigenen Verdienste anerkannt werden, erkennen Sie die Verdienste anderer an."

„Wenn du auf eine Weise nicht glücklich sein kannst, sei auf eine andere glücklich; und diese Leichtigkeit der Veranlagung bedarf nur wenig der Unterstützung durch die Philosophie, denn Gesundheit und gute Laune sind fast das A und O. Viele rennen der Glückseligkeit nach, wie ein abwesender Mann auf der Jagd nach Glück seinen Hut, während er auf dem Kopf oder in der Hand ist. Solche Menschen wollen nichts, was sie zu den glücklichsten Menschen der Welt macht, außer das Wissen, dass sie es sind."

„Eine Atchison-Frau, die vor drei Tagen als die beliebteste Frau der Stadt galt, hat keine einzige Freundin mehr; anstatt mit ihren Freunden zu sympathisieren, wie sie es bisher getan hat, begann sie, ihnen von ihren Sorgen zu erzählen."

Atchison-Globus.

Es ist charakteristisch für Torheit, die Fehler anderer zu erkennen und die eigenen zu vergessen.

CICERO.

Was bedeutet es, ein Gentleman zu sein? Es bedeutet, ehrlich zu sein, sanft zu sein, großzügig zu sein, mutig zu sein, weise zu sein und alle diese Eigenschaften zu besitzen und sie auf die anmutigste äußere Weise auszuüben.

THACKERAY.

Lehre mich, das Leid eines anderen zu spüren,
den Fehler, den ich sehe, zu verbergen, diese Barmherzigkeit, die ich anderen erzeige,
diese Barmherzigkeit, die ich mir erzeige.

PAPST.

„Die Perser sagen über lautes, unvernünftiges Gerede: ‚Ich höre den Lärm des Mühlsteins, aber ich sehe keine Mahlzeit.'"

Wir erteilen eimerweise Ratschläge, nehmen sie aber nach dem Korn.

ALGER.

Es ist viel einfacher, kritisch zu sein als richtig.

BEACONSFIELD.

„‚Ich bin beschäftigt, Johnnie, und kann nicht anders‘, sagte der Vater und schrieb auf, als sich der kleine Kerl am Finger verletzte. ‚Ja, du hättest – du hättest sagen können: oh!‘ schluchzte Johnnie. Manchmal steckt in uns allen ein Johnnie, der weint.“

REV. WC GANNETT.

„Sie können nicht verhindern, dass die Vögel der Traurigkeit über Ihren Kopf fliegen, aber Sie können verhindern, dass sie dort anhalten, um ihre Nester zu bauen.“

In der allgemeinen Gesellschaft sollte man Diskussionen über zwei Themen – Religion und Politik – immer vermeiden. In einer Diskussion über eines dieser Themen werden Sie sehr wenig intellektuelle Ehrlichkeit finden, und es wird fast ausnahmslos zu irritierenden Meinungsverschiedenheiten führen.

Ein Gentleman ist jemand, der die Ansprüche anderer an die Selbstliebe versteht, ihm jede Form seiner Achtung entgegenbringt und diese im Gegenzug von ihnen verlangt.

HAZLITT.

„Es gibt keinen wirklichen Konflikt zwischen Wahrheit und Höflichkeit; was man sich so vorstellt, ist nur der grobe Fehler derer, denen es nicht gelingt, ihre Harmonie zu entdecken. Höflichkeit ist im besten Sinne der anmutige Ausdruck von Respekt, Freundlichkeit und …“ guter Wille."

„Geliebt unter den Frauen ist sie, die, nachdem sie einen Freund vor den Konsequenzen überstürzter Taten gewarnt hat, dem Triumphierenden vorenthält, wenn ihre Prophezeiungen wahr geworden sind: Das habe ich dir gesagt!“

„Niemand verliert durch Höflichkeit gegenüber einem Anrufer oder durch die unbedeutende Ausübung scheinbarer Freude an einem Anrufer. Obwohl ich nicht zu Unaufrichtigkeit raten möchte, besteht ein großer Unterschied zwischen dieser beleidigenden Fassade und dem reinen Metall der Rücksichtnahme auf die Gefühle eines Fremden." innerhalb des eigenen Tores.

LADY BELLAIRS RAT FÜR MÄDCHEN.

WAS MAN VERMEIDEN SOLLTE.

Ein lauter, schwacher, affektierter, jammernder, rauer oder schriller Tonfall. Extravaganzen im Gespräch – Sätze wie „Schrecklich das", „Bösartig das", „Viel Zeit", „Weißt du nicht", „Hass" statt „Abneigung" usw.

Plötzliche Ausrufe des Ärgers, der Überraschung und der Freude, die oft gefährlich an „weibliches Fluchen" heranreichen – wie „Bother!" "Gnädig!" „Wie lustig!"

Gähnen, wenn man jemandem zuhört.

Über Familienangelegenheiten reden, sogar mit engen Freunden.

Versuchen Sie ein Gesangs- oder Instrumentalstück, das Sie nicht mit Leichtigkeit ausführen können.

Kreuze deine Briefe.

Ein scharfes, kurzes Nicken mit dem Kopf, das als Verbeugung dienen soll.

WAS SOLL MAN kultivieren?

Eine ungekünstelte, tiefe, deutliche, silberfarbene Stimme.

Die Kunst, die Menschen um Sie herum zu erfreuen und mit ihnen und allem, was sie für Sie tun, zufrieden zu sein.

Der Reiz, ganz selbstverständlich kleine Opfer zu bringen, als ob sie für einen selbst keine Bedeutung hätten.

Die Angewohnheit, Rücksicht auf die Meinungen, Gefühle oder Vorurteile anderer zu nehmen.

Ein aufrechter Wagen – also ein gesunder Körper.

Ein gutes Gedächtnis für Gesichter und die damit verbundenen Fakten – um zu vermeiden, dass man Anstoß erregt, indem man Menschen nicht erkennt, sich vor ihnen verbeugt oder ihnen sagt, was man besser ungesagt lassen sollte.

Die Kunst, prosaischen Rednern ohne Ungeduld zuzuhören und über die zweimal erzählte Geschichte oder den Witz zu lächeln.

„Wer seine Söhne und Töchter gründlich und wahrhaft sanft sehen möchte, muss von Anfang an Egoismus im Handeln, Unhöflichkeit in der Sprache, Nachlässigkeit in der Form und Unhöflichkeit im Verhalten verbieten und verlangen, dass in der Kindheit und im Kindergarten der Grundstein dafür gelegt wird." gute Zucht, die für den reifen Mann und die reife Frau ein kostbares Juwel ist."

„Viele Menschen glauben, dass ‚schlechte Laune' von der Person, die sie an den Tag legt, völlig freiwillig ist. Tatsächlich ist sie oft, in einem sehr großen Ausmaß, unfreiwillig, und niemand ist darüber wütender als die schlechten." Selbstverständlich sollte jeder , egal ob er mit einer schlechten Laune geboren wurde, sich eine solche aus Gewohnheit angeeignet hat oder infolge einer Krankheit oder Verletzung davon betroffen war, zumindest versuchen, diese unter Kontrolle zu bringen. Aber auch seine Freunde sollten das tun Denken Sie daran, dass schlechte Laune ein Leiden sein kann, mit dem man Mitleid haben kann, und das oft auch ist, und kein Vergehen, das bestraft werden muss."

Wöchentlich.

Es gibt Menschen, die der Kleinlichkeit des Fehlersuchens so verfallen sind, dass sie, wenn sie plötzlich die Handschrift an der Wand sehen würden, deren schreckliche Warnung in ihrer eifrigen Eile ignorieren würden, um auf die fehlerhafte Schreibkunst hinzuweisen.

BRANDER MATTHEWS.

„Wir sind alle unzufrieden. Der einzige Unterschied besteht darin, dass sich einige von uns im Elend ihrer Unzufriedenheit niederlassen, während andere daraus eine Leiter machen."

Frau Julia Ward Howe sagte über Longfellow: „Sein persönlicher Charme lag in einer Zartheit des Geistes, die wirklich kosmopolitisch war; er hatte eine lebhafte Wertschätzung für das Schöne und Edle, und er verkörperte den reinsten und vollkommensten Geschmack." Gefühl." Gab es jemals eine genauere Definition eines Gentleman?

„Behüte deinen Mund und behüte die Tür deiner Lippen, denn ein Verschwörer ist schlimmer als ein Dieb."

DIE BIBEL.

„Er lässt sich durch ein Mikroskop betrachten und lässt sich in eine Leidenschaft verwickeln."

„Es kommt nicht darauf an, was Sie in diesem Leben tragen, meine Herren; es kommt darauf an, wie Sie es tragen. Es kommt nicht so sehr darauf an, was Sie tun; es kommt darauf an, wie Sie es tun. Es gibt Menschen, die geschmackvolle Dinge vulgär und vulgäre Dinge tun." geschmackvoll. Wer war das denn?

„Hat sie mit so feiner Anmut nach unten geworfen, dass
sie dachten, er würde sie hochwerfen"?

„Ein Sinn für Humor ist eine der wertvollsten Gaben, die man einem Menschen schenken kann. Er ist nicht unbedingt ein besserer Mensch, weil er ihn hat, aber er ist ein glücklicherer. Es macht ihn gleichgültig gegenüber Glück und Unglück. Es ermöglicht es ihm, sein eigenes Unbehagen zu genießen. Mit diesem Gefühl gesegnet, ist er nie übermäßig begeistert oder niedergeschlagen. Niemand kann seine Laune zügeln. Kein Missbrauch stört seinen Gleichmut. Langeweile langweilt ihn nicht. Humbugs machen ihm nichts vor. Feierliche Arien schon Ihm nicht aufdrängen. Sentimentaler Schwall beeinflusst ihn nicht. Die Torheiten des Augenblicks haben keinen Einfluss auf ihn."

Boston Journal.

Es gibt immer eine beste Art, alles zu tun, und sei es, ein Ei zu kochen. Manieren sind die glückliche Art, Dinge zu erledigen; jedes einzelne davon ist ein Geniestreich oder ein Liebesstreich – jetzt wiederholt und im Gebrauch verhärtet. Ihre Manieren stehen immer auf dem Prüfstand und werden von den Ausschüssen kaum verdächtigt – ein Polizist in Bürgerkleidung –, aber sie vergeben oder verweigern Ihnen sehr hohe Preise, wenn Sie am wenigsten daran denken.

EMERSON.

Meine Lebenserfahrung macht mich einer Wahrheit sicher, die ich nicht zu erklären versuche; dass das süßeste Glück, das wir je kennen, der eigentliche Wein des menschlichen Lebens, nicht aus Liebe, sondern aus Opferbereitschaft kommt – aus dem Bemühen, andere glücklich zu machen. Das gilt für mich genauso wie die Tatsache, dass mein Fleisch brennt, wenn ich glühendes Metall berühre.

JOHN BOYLE O'REILLY.

„Ein weiser Mann wird feindliche Kritik und böswillige Angriffe zum Guten wenden. Er wird sorgfältig überlegen, ob in ihm nicht eine Schwäche oder ein Fehler steckt, den er zwar nie entdeckt hat, der aber in den Augen seines Feindes offensichtlich war. Viele Männer profitieren mehr davon." die Angriffe der Feinde als durch die Freundlichkeit von Freunden.

„Höflichkeit ist wie ein Luftkissen: Es ist zwar nichts drin, aber es lindert unsere Stöße wunderbar."

Gönnen Sie sich nicht, dass Freundschaft Sie dazu ermächtigt, Ihren Vertrauten unangenehme Dinge zu sagen. Im Gegenteil: Je näher man einer Person kommt, desto notwendiger werden Taktgefühl und Höflichkeit. Überlassen Sie Ihren Freund, außer in Ausnahmefällen, die selten vorkommen, unangenehme Wahrheiten von seinen Feinden: Sie sind bereit genug, es ihnen zu sagen. Gute Erziehung vergisst nie, dass *Amour-propre* universell ist.

OW HOLMES.

Was auch immer wir ungläubig sind, die meisten von uns glauben zutiefst an das Gute; und wir neigen dazu zu glauben, dass ein Mann, der das Geheimnis eines edlen Lebens praktisch gelernt hat, irgendwie der Wahrheit der Dinge nahe gekommen ist.

GEO. S. MERRIAM.

„Die schlechte Laune eines Mannes trägt manchmal mehr dazu bei, ein Abendessen zu verderben, als die schlechte Kochkunst einer Frau."

*Ihre Stimme war immer sanft,
sanft und leise; eine ausgezeichnete Sache in der Frau.*

SHAKESPEARE.

Wahre Höflichkeit bedeutet vollkommene Leichtigkeit und Freiheit. Es besteht einfach darin, andere so zu behandeln, wie man selbst gerne behandelt wird.

CHESTERFIELD.

Ein Mann hat nicht mehr Recht, etwas Unhöfliches zu sagen, als etwas Unhöfliches zu tun, und nicht mehr Recht, etwas Unhöfliches zu einem anderen zu sagen, als ihn niederzuschlagen.

JOHNSON.

Wie süß und anmutig
ist dieser feine Sinn, den die Menschen Höflichkeit nennen, selbst in der Umgangssprache! Heilsam so luftig und freundlich wie das Licht,
willkommen in jedem Klima wie der Hauch von Blumen, –
er verwandelt Außerirdische in vertrauensvolle Freunde und gibt seinem Besitzer Reisepass rund um den Globus.

JT-FELDER.

DAS ENDE.